Das geteilte Deutschland 1945–1961

18 Arbeitsblätter
mit didaktisch-methodischen Kommentaren

Sekundarstufe I

von
Horst Meyer/Andreas Winkler

Ernst Klett Verlag für Wissen und Bildung
Stuttgart · Dresden

Quellenverzeichnis

S. 5 und S. 10: Süddeutscher Verlag, München
S. 13, S. 16, S. 37: M3 und S. 39: M15: Dr. Hans Bohrmann, „Politische Plakate".
 BTB 435, Harenberg Verlag
S. 28: M6, Abb. (links) und M7, Abb. (rechts): Landesbildstelle, Berlin

Der Verlag hat sich nach bestem Wissen und Gewissen bemüht, alle Inhaber von Urheberrechten an Beiträgen zu diesem Werk ausfindig zu machen. Sollte das in irgendeinem Fall nicht korrekt geschehen sein, bitten wir um Entschuldigung und bieten an, ggf. in einer nachfolgenden Auflage einen korrigierten Quellennachweis zu bringen.

 Gedruckt auf Papier, das aus 80% Altpapier und 20% chlorfreiem Faserstoff (TCF) hergestellt wurde.

Die Deutsche Bibliothek – CIP-Einheitsaufnahme
Meyer, Horst:
Das geteilte Deutschland 1945–1961:
18 Arbeitsblätter mit didaktisch-methodischen Kommentaren;
Sekundarstufe I / von Horst Meyer; Andreas Winkler. –
1. Aufl. – Stuttgart; Dresden: Klett, Verlag für Wissen und Bildung, 1994
(Arbeitsblätter Geschichte)
ISBN 3-12-927866-4

1. Auflage 1994
Alle Rechte vorbehalten.
Der Verlag genehmigt die Vervielfältigung der Arbeitsblätter.
© Ernst Klett Verlag für Wissen und Bildung GmbH, Stuttgart 1994
Umschlaggestaltung: BSS Werbeagentur Sachse und Partner, Bietigheim
Satz: Steffen Hahn GmbH, Kornwestheim
Druck und Bindung: W. Röck, Weinsberg. Printed in Germany.
ISBN 3-12-927866-4

Inhalt

Arbeitsblätter

A 1   Das Leben in Deutschland nach der Kapitulation ... *5*

A 2   Pläne der Alliierten nach der Niederlage Deutschlands ... *9*

A 3   Der antifaschistische Block ... *11*

A 4   Die demokratische Bodenreform in der SBZ ... *13*

A 5   Die Verstaatlichung der Industrie in der SBZ ... *15*

A 6   Ausbeutung und Unterdrückung in der SBZ ... *17*

A 7   Ausweitung des kommunistischen Machtbereiches ... *19*

A 8   Wende in der amerikanischen und britischen Deutschlandpolitik ... *21*

A 9   Der Marshallplan ... *23*

A 10   Die Währungsreform ... *25*

A 11   Die Berliner Blockade ... *27*

A 12   Die Weststaatlösung ... *29*

A 13   Die Gründung der DDR ... *31*

A 14   Der 17. Juni 1953 ... *33*

A 15   Die Wiederbewaffnung und Westintegration der BRD ... *37*

A 16   Das Wirtschaftswunder ... *41*

A 17   Die beiden deutschen Staaten in ihren Blöcken ... *45*

A 18   Der Bau der Berliner Mauer ... *49*

Didaktisch-methodischer Kommentar ... *53*

Tafelbilder ... *84*

Das Leben in Deutschland nach der Kapitulation 1945 A1

Unter den Augen der Sieger versuchen die Besiegten, sich in der Trümmerwüste Berlin zurechtzufinden.

Die Situation

M 1
Das Ei als Kostbarkeit

In einer amtlichen Bekanntmachung für die britische Zone heißt es:
Zur Durchführung einer Verteilung von einem Ei und 25 g Eisparpulver müssen alle Verbraucher den Abschnitt 19 der Registrierungskarte in der Zeit vom 5. bis 12. Dezember 1945 bei den für den Verkauf von Eiern zugelassenen Eierhändlern als Vorbestellungsschein abgeben. Die Einzelhändler haben die Abschnitte abzutrennen, als Zeichen der erfolgten Anmeldung mit ihrem Firmenstempel zu versehen, die vereinnahmten Abschnitte zu je 10 Stück auf weißes Papier zu kleben und sofort bei ihrem Großhändler zwecks Belieferung einzureichen. Die Abgabe erfolgt sofort nach Belieferung der Einzelhändler.

aus: Die Welt seit 1945. Geschichte in Quellen. München 1980, S. 35

M 2
Elektrische Heizöfen verboten

... Mit dem Verbot der elektrischen Raumheizung wurde vielen Münchnern die letzte Wärme aus ihrer Wohnung genommen. Um ihnen Gelegenheit zu geben, wenigstens ein paar Stunden am Tage in behaglicher Wärme zu verbringen, hat die Stadtverwaltung vorerst 70 Wärmestuben, die 50 000 Menschen Platz bieten, eröffnet... Alte und kränkliche Leute können abends sogar ihre mitgebrachten Wärmeflaschen mit heißem Wasser füllen und so ein wenig Wärme in ihr kaltes Heim tragen.

aus: a. a. O., S. 33

M 3
Wohnungsgesetz, Art. VIII

2. Die Zuteilung wird in folgender Weise vorgenommen:
a) Die deutschen Wohnungsbehörden haben für jeden Wohnraum, sobald er durch Erfassung anderweitig frei wird, eine nach den obigen Grundsätzen ausgewählte Person als Mieter zu benennen und von dem Eigentümer zu verlangen, mit dieser ein Rechtsverhältnis abzuschließen, das ihm die Benutzung des betreffenden Wohnraums sichert (Zuweisung).
b) Falls der Eigentümer nicht einwilligt oder nicht erreichbar ist, kann die Wohnungsbehörde eine Verfügung erlassen, welche die Wirkung eines Mietvertrages hat...

aus: a. a. O., S. 42 f.

M 4
Trümmer in Frankfurt

Frankfurt mit seinen 375 000 Einwohnern und seiner fast völlig zerstörten Innenstadt weist heute 10 bis 12 Millionen Kubikmeter Schutt auf. Dieser den Hauseigentümern gehörende Gebäudeschutt wird jetzt durch eine bevorstehende Verordnung des Oberbürgermeisters zugunsten der Stadtgemeinde beschlagnahmt.

aus: a. a. O., S. 44 f.

A 1 Das Leben in Deutschland nach der Kapitulation 1945

Die Gründe

M 5
Zerstörung deutscher Städte

○ Stadt 0–1% zerstört
● Stadt 1–5% zerstört
◑ Stadt über 5% zerstört
schwarzer Sektor bezeichnet den Prozentsatz der Kriegszerstörung an Wohnraum

aus: G. W. Harmsen, Reparationen, Sozialprodukt, Lebensstandard, Anlage VII, Bremen 1947, S. 37

M 6
Index der Produktion ausgesuchter Erzeugnisse in der amerikanischen und britischen Zone. (1936 = 100 %)

	1945
Steinkohle	30,3
Steinkohlenbriketts	29,9
Steinkohlenkoks	19,0
Braunkohlenbriketts	39,1
	1946
Rohstahl	17,6
Lastkraftwagen	36,6
Personenkraftwagen	5,7
Fahrräder	32,4
Phosphordüngemittel	25,7
Zement	31,1
Mauerziegel	19,1
Seife und Waschpulver	35,9
Papier, Pappe und Zeitungsdruckpapier	29,8
Baumwollgarne	17,1

aus: Wirtschaft und Statistik, 1. Jg. N.F. 1949/50, S. 1375 ff.

M 7
Aus dem Hoover-Bericht. 17. Mai 1946

In den Monaten Mai bis September 1946 brauchten an Getreide:

Deutschland		1370.000 Tonnen
Britische	Zone	900.000 Tonnen
Amerikanische	Zone	275.000 Tonnen
Französische	Zone	195.000 Tonnen

Die britische Zone gehört zu den Gebieten, die pro Kopf der Bevölkerung am meisten einführen müssen, nämlich 82 Pfund. Der Bedarf der französischen Zone beträgt 61, der der amerikanischen Zone 32 Pfund.

nach: Die Welt seit 1945. Geschichte in Quellen. München 1980, S. 37 f.

Das Leben in Deutschland nach der Kapitulation 1945 A1

M 8
Umsiedlung von Deutschen

Am 20. November fand in Berlin unter dem Vorsitz Marschall Shukows die ordentliche Sitzung des Kontrollrates statt.
Auf der Sitzung waren anwesend: General Clay, General Robertson und General Koeltz...
Der Kontrollrat bestätigte einen Plan der Umsiedlung der aus Österreich, der Tschechoslowakei, Ungarn und Polen ausgewiesenen deutschen Bevölkerung nach allen vier Besatzungszonen Deutschlands. Dieses Dokument wird heute veröffentlicht werden...
1. Die gesamte aus Polen ausgewiesene deutsche Bevölkerung (3,5 Millionen Menschen) wird in die sowjetische und in die englische Besatzungszone Deutschlands aufgenommen.
2. Die gesamte aus der Tschechoslowakei, Österreich und Ungarn ausgewiesene deutsche Bevölkerung (3 150 000 Menschen) wird in die amerikanische, französische und sowjetische Besatzungszone Deutschlands aufgenommen.

aus: Tägliche Rundschau. 21. Nov. 1945

M 9
Reparationen

Im Einklang mit der auf der Krim-Konferenz getroffenen Entscheidung, wonach Deutschland gezwungen werden soll, eine möglichst vollständige Entschädigung für die Verluste und die Not zu leisten, die es den Vereinten Nationen verursacht hat und für die das deutsche Volk sich seiner Verantwortlichkeit nicht entziehen kann, ist das nachstehende Reparationsabkommen getroffen worden:
1. Reparationsansprüche der UdSSR sollen durch Überführung von Sachwerten aus der von der UdSSR besetzten Zone in Deutschland und durch für diesen Zweck bestimmte ausländische Vermögenswerte Deutschlands gedeckt werden.
3. Die Reparationen der Vereinigten Staaten, des Vereinigten Königreichs und anderer Staaten, die Anspruch auf Reparationen haben, sollen aus den westlichen Zonen und durch für diesen Zweck bestimmte ausländische Vermögenswerte Deutschlands gedeckt werden.
4. Außer den Reparationen, die die UdSSR aus ihrer eigenen Besatzungszone erhalten soll, soll sie noch aus den westlichen Zonen erhalten:
A. 15 Prozent der vollständigen, verwendbaren maschinellen Anlagen namentlich der metallurgischen, chemischen und Maschinenbauindustrie, die für die deutsche Wirtschaft im Frieden nicht notwendig sind und aus den westlichen Zonen überführt werden sollen, und zwar im Austausch gegen entsprechende Werte an Nahrungsmitteln, Kohlen, Pottasche, Zink, Bauholz, Tonwaren, Petroleumprodukten und anderen Gütern, über die eine Einigung erzielt wird.

aus: Amtliche Verlautbarung über die Konferenz von Potsdam vom 17. Juli bis 2. August 1945. In: Amtsblatt des Kontrollrates in Deutschland. Ergänzungsblatt Nr. 1, S. 13–20. BundesarchivMilitärarchiv. o. O., o. J. 4/700

Die Versuche der Überwindung

M 10
Ausgenutzt sei jedes Fleckchen

Noch mehr ernten, heißt es heute,
Überleg' drum jedermann,
wie er das erreichen kann.
Ausgenützt sei jedes Fleckchen.
Und dann muß das kleinste Eckchen
frei von läst'gem Unkraut sein.
Alles kann dann besser sprießen.
Denkst Du fleißig auch ans Gießen,
stellt Erfolg sich recht bald ein.

aus: Hannoversches Nachrichtenblatt der alliierten Militärregierung Nr. 22 vom 28. 6. 1945

M 11
Care-Pakete

Die Vereinigten Staaten haben nicht nur die Sendung individuell gepackter Liebesgaben-Pakete in die amerikanischen und britischen Besatzungszonen zugelassen, sondern auch Standard-Pakete, die von der Cooperative for American Remittances to Europe (Care) verpackt und vertrieben werden. Jeder Amerikaner kann bei einer Niederlassung von Care in den amerikanischen Großstädten ein Standard-Paket bestellen, unter Angabe der Anschrift des Empfängers in Deutschland, den er mit einem Care-Paket bedenken will.

aus: Handelsblatt, 7. November 1946

A1 Das Leben in Deutschland nach der Kapitulation 1945

M 12
Umfärben von Militärkleidung

Die Durchführung der Umfärbeaktion [auf Anordnung der Militärregierung durfte Feldgrau nicht mehr getragen werden] bereitet trotz monatelanger Vorarbeiten und intensiver Mitarbeit allen bayerischen Färbereien große Schwierigkeiten. Es stehen leider nur beschränkte Mengen an Farbstoffen zur Verfügung. Bayern hat keine Farbstoffindustrie und auch nur wenig Textilindustrie. Es fehlt also sowohl an Produzenten als auch an Großverbrauchern und folglich auch an Lagervorräten ...

aus: Süddeutsche Zeitung, 16. Nov. 1945

M 13
Aufbereitung von Trümmern

Die Trümmer werden an Ort und Stelle grob aussortiert. Eisen, Holz und Backsteine werden getrennt, künstlerisch wertvolle Steine aus alten Gebäuden werden gesondert behandelt. Zu diesen Arbeiten werden zunächst etwa 3000 Personen benötigt, die sich hauptsächlich aus Erwerbslosen, ehemaligen Parteigenossen und ungelernten Arbeitern zusammensetzen werden. Das aussortierte Material soll auf Lastwagen aufgeladen werden, die jedoch erst im März, nach Beendigung der Holzbeschaffungsaktion, zur Verfügung stehen dürften. Die Lastwagen und kleine Feldbahnen sollen die Schuttmengen an die Straßenbahngleise bringen, Güterwagen der Straßenbahn übernehmen den Transport von dort zu einer großen Fläche im Osten der Stadt, die gegenwärtig als Aufbereitungsanlage eingerichtet wird. Mit Hilfe von Trichtern, Sortierbändern, Putzmaschinen und anderen Verfahren sollen aus den 10 bis 12 Millionen Kubikmeter Schutt 300 Millionen brauchbare Backsteine – das Vielfache des Jahresverbrauches in einem guten Neubaujahr der Vorkriegszeit – und weitere 600 000–700 000 Backsteine und Beton, der aus Splitt hergestellt wird, gewonnen werden können.

aus: Die Welt seit 1945. Geschichte in Quellen. München 1980, S. 44

M 14
Bewirtschaftung zur Sicherung der Ernährung in der britischen Zone

Feldmarschall Montgomery übergab der Presse eine Erklärung, die besagt, daß die britische Besatzungsmacht alles tun werde, um die Not in dem von britischen Truppen besetzten Teil Deutschlands zu lindern. Er verkannte aber nicht, daß der Winter sehr hart sein würde. Es liegt auf der Hand, daß nur die intensivste Bewirtschaftung aller Anbauflächen einen wirksamen Schutz gegen Nahrungsmittelknappheit in der kalten Jahreszeit bildet. Die Beachtung der nachstehenden Anweisungen ist daher von größter Bedeutung für die deutsche Bevölkerung der britischen Besatzungszone.
1. Die Nahrungsmittel-Reserven sind sehr gering.
2. Alles anbaufähige Land, und wenn es auch nur ein Schrebergarten ist, muß bestellt werden.
3. Vor allem sind diejenigen Gemüsearten anzubauen, die für den Winter aufbewahrt werden können, wie z. B. Kartoffeln, Steckrüben, Bohnen.
4. Wenn diese Arbeit nicht mit größter Energie angepackt wird, droht Hungersnot.

Von den Besatzungsbehörden wird der Wiederaufbau des deutschen Verwaltungsapparates, der die Lebensmittelverteilung überwachen und lenken soll, in jeder Weise begrüßt und gefördert. Es besteht nicht die Absicht, die Lebensmittelrationen weiter herabzusetzen als die vorhandenen Vorräte dies rechtfertigen.
Ob die Arbeit der deutschen Ernährungsbehörden Erfolg hat, hängt in erster Linie von der Disziplin der Bevölkerung ab. Wer gegen die geltenden Bestimmungen verstößt und aus der Stadt zum Bauern fährt, um sich Lebensmittel zu erhamstern, sabotiert die Arbeit der Verteilungsbehörden und begünstigt den Schleichhandel. Das gleiche gilt für den Beamten, der derartiges geschehen läßt, und den Nachbarn, der untätig zusieht ...

aus: Hamburger Presse, 23. Juni 1945

Aufgaben:

Zur Situation
1. Beschreibe die Lebenssituation in Deutschland unmittelbar nach dem Krieg. Liste dabei die Bereiche auf, die durch den Krieg in Mitleidenschaft gezogen sind.

Zu den Gründen
2. Ermittle anhand der Materialien M 5–9 die Gründe für die extreme Mangelsituation.
3. Stelle Zusammenhänge zwischen den einzelnen Gründen her, indem Du Ursachen- und Wirkungsketten bildest.

Zu Versuchen der Überwindung
4. Stelle dar, durch welche Maßnahmen die Mangelsituation überwunden werden soll, unterscheide dabei zwischen
   a) Eigeninitiative,
   b) Hilfe und
   c) politischen Maßnahmen.
5. Wie beurteilst Du den möglichen Erfolg dieser Maßnahmen. Berücksichtige bei Deiner Beurteilung das Material zu den Gründen.

Pläne der Alliierten nach der Niederlage Deutschlands — A 2

Die Situation

M 1
Auszug aus der Kapitulationsurkunde

> Urkunde über die bedingungslose Kapitulation Deutschlands vom 8. Mai 1945
>
> 1. Wir, die hier Unterzeichneten, die wir im Auftrage des Oberkommandos der Deutschen Wehrmacht handeln, übergeben hiermit bedingungslos dem Obersten Befehlshaber der Alliierten Expeditionsstreitkräfte und gleichzeitig dem Oberkommando der Roten Armee alle gegenwärtig unter deutschem Befehl stehenden Streitkräfte zu Lande, zu Wasser und in der Luft.

aus: Die Welt seit 1945. Bearbeitet von H. Krause und K. Reif. München 1980, S. 17 (Geschichte in Quellen)

M 2
Aus der Proklamation Nr. 1

Kontrollrat

Proklamation Nr. 1

An das deutsche Volk:

[...]
Laut Bekanntmachung vom 5. Juni 1945 ist die oberste Regierungsgewalt in Bezug auf Deutschland von den Regierungen der Vereinigten Staaten von Amerika, der Union der Sozialistischen Sowjetrepubliken, des Vereinigten Königreichs von Großbritannien und Nordirland und der Provisorischen Regierung der Französischen Republik übernommen worden. [...]
Ausgefertigt in Berlin, 30. August 1945

Dwight D. Eisenhower General der Armee	Gregory Zhukow Marschall der Sowjetunion
Bernard L. Montgomery Feldmarschall	Pierre Koenig General Armee-Korps-Kommandeur

Plakatsammlung des Bundesarchivs

M 3
Besatzungszonen und Berlin als Viersektorenstadt

1. VIER-SEKTOREN-STADT
2. UNTER SOWJET. VERWALTUNG
3. UNTER POLN. VERWALTUNG
4. SOWJ. BESATZUNGSZONE
5. BRIT. BESATZUNGSZONE
6. FRANZ. BESATZUNGSZONE
7. AMERIK. BESATZUNGSZONE

— GRENZE DES DEUTSCHEN REICHES VON 1937
= GRENZE DER BESATZUNGSZONEN

aus: M. Overesch u. a.: Jahre der Entscheidung 1945–1949. Texte und Dokumente. Hrsg. von der Niedersächsischen Landeszentrale für politische Bildung. Hannover 1989, S. 22

Berlin

- - - offene Sektorengrenzen
___ Grenze von Berlin

A2 Pläne der Alliierten nach der Niederlage Deutschlands

Die Pläne

M 4

Erklärung der verbündeten Mächte
Flugblatt (Februar 1945)

... Tagen der Führer der drei Mächte... Über die Ergebnisse der Arbeit der Krim-Konferenz gaben Roosevelt, Stalin und Churchill eine Erklärung ab, in der es heißt:

2. Über die Kriegsziele der Verbündeten
„Unser unabänderliches Ziel ist die Vernichtung des deutschen Militarismus und Nazismus und die Schaffung der Garantie dafür, daß Deutschland nie mehr imstande sein wird, den Frieden der ganzen Welt zu stören. Wir sind von der Entschlossenheit erfüllt, sämtliche deutschen Streitkräfte zu entwaffnen und aufzulösen, ... alles deutsche Kriegsgerät einzuziehen oder zu vernichten und die gesamte deutsche Industrie, die für Rüstungszwecke ausgenutzt werden könnte, zu liquidieren, ... Schadensersatz in Gestalt von Sachleistungen einzutreiben; ... jeden nazistischen oder militaristischen Einfluß aus den öffentlichen Institutionen, aus dem Kultur- und Wirtschaftsleben des deutschen Volkes zu beseitigen..."

3. Über den Ausweg für das deutsche Volk
„Zu unseren Zielen gehört nicht die Vernichtung des deutschen Volkes. Erst wenn der Nazismus und der Militarismus ausgerottet sein werden, besteht für das deutsche Volk die Hoffnung auf eine würdige Existenz und einen Platz in der Gemeinschaft der Nationen."

aus: Wagner, J. V.: Deutschland nach dem Krieg. Kapitulation, Neubeginn, Teilung. Bochum 1975, S. 77

M 5

Die großen Drei

Treffen in Potsdam im Juli/August 1945. V. l. n. r. (sitzend): Attlee, Truman und Stalin.

M 6

Gemeinsame Übereinkünfte der Alliierten – Potsdamer Protokolle

1. Entsprechend der Übereinkunft über das Kontrollsystem in Deutschland wird die höchste Regierungsgewalt in Deutschland durch die Oberkommandierenden der Streitkräfte der Sozialistischen Sowjetrepubliken, der Vereinigten Staaten von Amerika, des Vereinigten Königreichs und der Französischen Republik, welche in ihrer Eigenschaft als Mitglieder des Kontrollrats handeln, jeder in seiner Besatzungszone nach den Leitsätzen seiner entsprechenden Regierung sowie gemeinsam in den ganz Deutschland betreffenden Fragen ausgeübt. [...]

3. Die Ziele der Besetzung Deutschlands, durch welche der Kontrollrat sich leiten lassen soll, sind:
I. Völlige Abrüstung und Demilitarisierung Deutschlands und die Liquidierung der gesamten deutschen Industrie, welche für eine Kriegsproduktion benutzt werden kann, oder deren Überwachung. [...]
III. Die nationalsozialistische Partei mit ihren angeschlossenen Gliederungen und Unterorganisationen ist zu vernichten; alle nationalsozialistischen Ämter sind aufzulösen; es sind Sicherheiten dafür zu schaffen, daß sie in keiner Form wieder auferstehen können; jeder nazistischen Propaganda ist vorzubeugen.
IV. Die endgültige Umgestaltung des deutschen politischen Lebens auf demokratischer Grundlage und eine eventuelle friedliche Mitarbeit Deutschlands am internationalen Leben sind vorzubereiten. [...]
9. Die Verwaltung Deutschlands muß in Richtung auf eine Dezentralisation der politischen Struktur und der Entwicklung einer örtlichen Selbstverwaltung durchgeführt werden. Zu diesem Zwecke:
I. Die lokale Selbstverwaltung wird in ganz Deutschland nach demokratischen Grundsätzen, und zwar durch Wahlausschüsse (Räte), so schnell wie es mit der Wahrung der militärischen Sicherheit und den Zielen der militärischen Besatzung vereinbar ist, wiederhergestellt.
II. In ganz Deutschland sind alle demokratischen politischen Parteien zu erlauben und zu fördern mit der Einräumung des Rechtes, Versammlungen einzuberufen und öffentliche Diskussionen durchzuführen.

aus: Amtliche Verlautbarung über die Konferenz von Potsdam vom 17. Juli bis 2. August 1945. In: Amtsblatt des Kontrollrates in Deutschland, Ergänzungsblatt Nr. 1, S. 13–20. BundesarchivMilitärarchiv, o. O., o. J. 4/700

Aufgaben:

Zur Situation
1. Ermittle, was *bedingungslose* Kapitulation für Deutschland heißt (M1 und 2).
2. Beschreibe, wie sich Deutschland hinsichtlich seiner Grenzen verändert hat, welche Rolle die Siegermächte übernehmen und was dieses für Deutschland bedeutet (M1–3).

Zu den Plänen
3. Erarbeite die gemeinsamen Kriegsziele der Alliierten vor Ende des Krieges (M4).
4. Worauf einigen sich die Siegermächte in Potsdam und welchen Plan verfolgen sie damit.
5. Vergleiche diesen in Potsdam entworfenen Plan mit der Erklärung kurz vor Kriegsende.
6. Was bringt das Bild zum Ausdruck und inwieweit paßt es zu Inhalten der Potsdamer Protokolle und des Flugblattes?

Der antifaschistische Block A 3

Die Gruppe Ulbricht

M 1
Die Gruppe Ulbricht trifft in Berlin ein

Am Morgen des 2. Mai fuhr eine Kolonne von Personenwagen aus Bruchmühle über Karlsdorf, Biesdorf und Friedrichsfelde in das Stadtzentrum Berlins. Darin saßen die Mitglieder der „Gruppe Ulbricht" und einige sowjetische Politoffiziere des Stabes von General Galadshijew. Langsam bahnten sich unsere Wagen den Weg durch Friedrichsfelde in Richtung Lichtenberg. Es war ein infernalisches Bild. Brände, Trümmer, umherirrende hungrige Menschen in zerfetzten Kleidern. Ratlose deutsche Soldaten, die nicht mehr zu begreifen schienen, was vor sich ging. Singende, jubelnde und oft auch betrunkene Rotarmisten [...] Unsere Begleitoffiziere wiesen uns den Weg zur Kommandantur von Lichtenberg, die sich in den ersten Tagen in einem Mietshaus befand. Eine kurze Begrüßung. Der Kommandant hatte alle Hände voll zu tun. Offiziere kamen und gingen und berichteten kurz und knapp, im Telegrammstil, was sich im Bezirk abspielte [...]
Der Kommandant war über die „Gruppe Ulbricht" schon im Bilde und sichtlich erfreut, Hilfe für den Aufbau der deutschen Verwaltung zu finden. „Eine deutsche Verwaltung? Nein, die haben wir noch nicht. Aber wir möchten Sie bitten, morgen oder übermorgen zu kommen, um uns bei ihrer Zusammenstellung zu helfen."
Ulbricht sagte zu.
Kurz darauf fuhren wir weiter. Ulbricht bestimmte, daß jeweils zwei Mitglieder unserer Gruppe zusammenarbeiten sollten [...]
Über Ulbrichts Direktiven wurde noch hin und her diskutiert; vor allem über die Frage, wie man plötzlich so viele Bürgerliche und nun auch noch Geistliche finden sollte. Aber etwa nach einer halben Stunde brach Ulbricht die Diskussion ab. Im klassischen Sächsisch gab er uns die letzte abschließende Direktive: „Es ist doch ganz klar: es muß demokratisch aussehen, aber wir müssen alles in der Hand haben." Nun war wirklich alles klar [...]

aus: Leonhard, W.: Die Revolution entläßt ihre Kinder. Kiepenheuer & Witsch, Köln 1955; Zit. nach: Leonhard, W.: Die Revolution..., Frankfurt/Berlin 9 1967, S. 286 ff.

M 2
Ulbricht erinnert sich

„Unser Vorteil bestand darin, daß wir gut vorbereitet waren. In unserer Parteiführung war schon zur Zeit, als die Sowjettruppen die Weichsel überschritten hatten, eine Kommission gebildet worden zur Ausarbeitung der ersten Maßnahmen, die im Kampf zur Liquidierung des Hitlerfaschismus getroffen werden mußten. Ich war Vorsitzender dieser Kommission. Wir haben alle Details ausgearbeitet, einschließlich der Organisierung der Verwaltung bis zu den Fragen der Organisierung des kulturellen Lebens. Wir hatten auch eine Liste von Hitlergegnern, von denen wir annahmen, daß sie sich in Berlin aufhielten. Es waren Namen von kommunistischen und sozialdemokratischen Reichstagsabgeordneten sowie anderen Hitlergegnern aus bürgerlichen Kreisen. So vorbereitet, trafen wir am 30. April 1945 in Deutschland ein. Am 1. Mai kamen wir nach Berlin, und dann begann die Arbeit."

aus: Neues Deutschland vom 17. April 1965

M 3
SMAD-Befehl Nr. 2 (v. 10. Juni 1945)

„Auf dem Territorium der sowjetischen Besatzungszone in Deutschland ist die Bildung und Tätigkeit aller antifaschistischen Parteien zu erlauben, die sich die endgültige Ausrottung der Überreste des Faschismus und die Festigung der Grundlage der Demokratie und der bürgerlichen Freiheiten in Deutschland und die Entwicklung der Initiative und Selbstbetätigung der breiten Massen der Bevölkerung in dieser Richtung zum Ziel setzen..."

aus: Ulbricht, W.: Zur Geschichte der neuesten Zeit. Bd. 1, 1. Halbband. Berlin 1955, S. 368 f.

Die Politischen Parteien

M 4
Aus dem Gründungsaufruf der KPD

Deutsche Volkszeitung

Zentralorgan der Kommunistischen Partei Deutschlands

Mit der Vernichtung des Hitlerismus gilt es gleichzeitig, die Sache der Demokratisierung Deutschlands, die Sache der bürgerlich-demokratischen Umbildung, die 1848 begonnen wurde, zu Ende zu führen, die feudalen Überreste völlig zu beseitigen und den reaktionären altpreußischen Militarismus mit allen seinen ökonomischen und politischen Ablegern zu vernichten. [...]
Das Zentralkomitee der Kommunistischen Partei Deutschlands ist der Auffassung, daß das vorstehende Aktionsprogramm als Grundlage zur Schaffung eines Blocks der antifaschistischen demokratischen Parteien (der Kommunistischen Partei, der Sozialdemokratischen Partei, des Zentrums und anderer) dienen kann.
Wir sind der Auffassung, daß ein solcher Block die feste Grundlage im Kampf für die völlige Liquidierung der Überreste des Hitlerregimes und für die Aufrichtung eines demokratischen Regimes bilden kann.

(Ausgabe vom 11. Juni 1945)

A3 Der antifaschistische Block

M 5
Die sowjetische Besatzungsmacht und die KPD (Von einem Redakteur der „Volksstimme" in Dresden)

Ich war bis 1933 Redakteur an der „Volkszeitung" in Meißen gewesen. So meldete ich mich nach meiner Rückkehr aus amerikanischer Gefangenschaft im Juli 1945 beim Landesvorstand der SPD in Dresden. Schließlich mußten wir ja wieder eine Parteizeitung haben. Es wurde mir sehr bald klar, daß wir von den Russen nur die Erlaubnis zu einer Landeszeitung erhalten würden. Eine KP-Presse gab es sehr bald. Die Kommunisten hatten alle vorhandenen Zeitungsdruckereien beschlagnahmt, sie hatten eine Zentralredaktion in Dresden und Lokalredaktionen in den größeren Städten; sie druckten auch an verschiedenen Orten. Trotz dem Papiermangel hatten sie eine Auflage von 1,2 Millionen Exemplaren. [...] Als Gesamtauflage für Sachsen waren uns 30 000 Exemplare bewilligt worden. Zuerst erschienen wir dreimal in der Woche, später sechsmal. Der Umfang war dürftig, er schwankte zwischen zumeist vier und maximal acht Seiten. Auch als wir am 1. Oktober die Auflage auf 60 000 erhöhen durften, hatten wir erst fünf Prozent der Auflage der KP-Presse. Allerdings gab es noch einen anderen Unterschied: Uns wurde die Zeitung aus den Händen gerissen. Natürlich erschienen wir erst nach einer gründlichen Vorzensur. Die Herren Kapitäne der Roten Armee folgten deutlich erkennbaren Weisungen der Polit-Majore. In jeder Nummer mußte ein positiver Artikel mit Bild über die Sowjetunion stehen. [...] Was durften wir schreiben? Die überörtlichen Nachrichtenquellen waren russisch, die örtlichen kommunistisch. Es kam also auf unsere Auswahl an. Die Kommentare hatten „positiv" zu sein. [...]

aus: SBZ 1945–1949. Politik und Alltag der sowjetischen Besatzungszone. Hrsg.: Gesamtdeutsches Institut. Bonn 1987, S. 19 f.

Der besondere Demokratiebegriff

M 6 Der Antifa-Block

Am 14. Juli 1945 traten die Vertreter der antifaschistisch-demokratischen Parteien zu einer ersten gemeinsamen Besprechung zusammen. [...]
Die Vertreter der vier Parteien beschließen, unter gegenseitiger Anerkennung ihrer Selbständigkeit, die Bildung einer festen Einheitsfront der antifaschistisch-demokratischen Parteien, um mit vereinter Kraft die großen Aufgaben zu lösen. Damit ist ein neues Blatt in der Geschichte Deutschlands aufgeschlagen. [...]   Berlin, den 14. Juli 1945

aus: Um ein antifaschistisches-demokratisches Deutschland. Dokumente aus den Jahren 1945–49. Hrsg. v. Ministerium für auswärtige Angelegenheiten in der UdSSR. Berlin (Ost) 1968, S. 46

M 7
Zwangsvereinigung

Am 21. April 1946 kam es auf Druck der sowjetischen Besatzungsmacht und auf Druck der KPD zur Vereinigung von SPD und KPD zur Sozialistischen Einheitspartei Deutschlands (SED).

M 8
Aus der Parteisatzung der LDPD (beschlossen auf dem 12. Parteitag März 1977)

Die LDPD ist eine in der DDR wirkende demokratische Partei, die unter Führung der Partei der Arbeiterklasse gemeinsam mit den anderen demokratischen Parteien und Massenorganisationen in der Nationalen Front die entwickelte sozialistische Gesellschaft mitgestaltet.

aus: Böger, K. und H. Kremendahl: Bundesrepublik Deutschland – Deutsche Demokratische Republik: Vergleich der politischen Systeme. Stuttgart 1980, S. 64 f.

Aufgaben:

Zur Gruppe Ulbricht
1. Mit welchem Auftrag kommt die Gruppe Ulbricht in die SBZ?
2. In welchem Verhältnis stehen die Gruppe Ulbricht und die sowjetische Besatzungsmacht zueinander? Was bedeutet dieses Verhältnis für die Arbeit der Gruppe Ulbricht?
3. Welche Taktik schlägt die Gruppe Ulbricht ein, und wie wird diese Taktik wohl in der Folgezeit ausgesehen haben?
4. Wie ist der SMAD-Befehl hinsichtlich der Zulassung von antifaschistischen Parteien zu verstehen, wenn man sich die Arbeit der Gruppe Ulbricht und ihr Verhältnis zur sowjetischen Besatzungsmacht vor Augen führt?

Zu den politischen Parteien
5. Welche Ziele formuliert die KPD in ihrem Gründungsaufruf. Was ist unter der Forderung, *einen Block der antifaschistisch demokratischen Parteien unter der Führung der KPD zu schaffen,* zu verstehen, wenn man sich die Praktiken der Gruppe Ulbricht vergegenwärtigt?
6. Stelle die Situation der SPD in der SBZ dar, indem Du erläuterst, wie sich die sowjetische Besatzungsmacht ihr gegenüber verhält.

Zu dem besonderen Demokratiebegriff
7. Erkläre die Stellung der SED im Antifa-Block.
8. Suche Argumente dafür, daß das Parteiemblem die Wirklichkeit verfälscht, indem Du Dir noch einmal den Gründungsaufruf der KPD ansiehst.

Die demokratische Bodenreform in der SBZ A 4

Die Begründung

M 1

Wahlplakat der KPD aus dem Jahre 1945

aus: Bohrmann, H. (Hrsg.): Politische Plakate. Die bibliophilen Taschenbücher Nr. 435. Dortmund 1984, S. 447

M 2

Aus einer Verordnung über die Bodenreform in der Provinz Sachsen

Artikel 1
1. Die demokratische Bodenreform ist eine unaufschiebbare nationale, wirtschaftliche und soziale Notwendigkeit. Die Bodenreform muß die Liquidierung des feudal-junkerlichen Großgrundbesitzes gewährleisten und der Herrschaft der Junker und Großgrundbesitzer im Dorfe ein Ende bereiten, weil diese Herrschaft immer eine Bastion der Reaktion und des Faschismus in unserem Lande darstellte und eine der Hauptquellen der Aggression und der Eroberungskriege gegen andere Völker war.

aus: Ulbricht, W.: Zur Geschichte der neuesten Zeit. Bd. I, 1. Berlin (Ost) 1955, S. 406

Die Durchführung

M 3

Die Freude im Gutspark von Plänitz

Am 23. September findet auf der Wiese des Gutsparkes von Plänitz im Kreis Ruppin der feierliche Auftakt für die Verteilung des Junkerlandes statt, das in der sowjetischen Besatzungszone Deutschlands mit den Verordnungen über die demokratische Bodenreform enteignet wurde. An 60 Bewerber – 22 landarme Bauern und Landarbeiter, acht Handwerker, drei neue Siedler und 13 Umsiedler aus Plänitz sowie 14 landarme Bauern und Landarbeiter aus Neustadt an der Dosse – werden die Besitzurkunden überreicht. Die erste Urkunde, und zwar über acht Hektar Ackerland und einen Hektar Wiese, kann der Siedler Ernst Paris, Vater von elf Kindern, in Empfang nehmen.

Dem historischen Akt war eine angestrengte Tätigkeit der Gemeindekommission für Bodenreform vorangegangen. Das von ihr aufgeteilte Gut Kränzlin II war ein typisches Beispiel der politischen Notwendigkeit der Liquidierung des Großgrundbesitzes. Über 300 Hektar, das ist mehr als die Hälfte des zur Gemeinde Plänitz gehörenden Landes, hatten die Junker von Rathenow zusammengeraubt. Seit Jahrhunderten mußte der größte Teil der Einwohner des Ortes als Landarbeiter, Knechte und Gutshandwerker Frondienste für die ‚gnädigen' Herren leisten. Letzter Besitzer [...] war ein Sturmführer bei Hitlers Reiter-SA.

aus: Gabriel P.: „Die Kraft der Einheitsreform". In: Neues Deutschland vom 24. September 1970

M 4

Der Umfang der Verteilung

Nach dem Stand vom 1. 1. 1950 erhielten

	Hektar	Durchschn. Größe Hektar
119 121 landlose Bauern und Landarbeiter	932 487	7,8
82 483 landarme Bauern	274 848	3,3
91 155 Umsiedler	763 596	8,4
43 231 Kleinpächter	41 661	1,0
183 261 nichtlandw. Arbeiter, Handwerker usw.	114 665	0,6
39 838 Altbauern-Waldzulage	62 742	1,0
559 089 Bodenempfänger insg.	2 189 999	3,9

aus: Ulbricht, W.: Zur Geschichte der neuesten Zeit, a. a. O., S. 416

13

A 4 Die demokratische Bodenreform in der SBZ

Die Folgen und die Weiterentwicklung

M 5
Ertragsrückgang (Betroffenenbericht)

Vor der Bodenreform glich auf dem Gut der hohe Ertrag der guten Böden die niedrigeren Ernten auf den schlechteren Äckern aus. Doch jetzt stand der Neubauer mit seinem bißchen Land da und mußte sehen, wie er zurechtkam. Eine unserer Flächen war das übelste Stück des Gutes. Wir hatten Mühe, mit karger Anspannung den Acker saatfertig zu bekommen. Dank der guten Bewirtschaftung der früheren Jahre konnten wir noch lange von der Fruchtbarkeit des Bodens profitieren. Das war für uns ein entscheidender Faktor, um zu überleben. 1946/47 waren harte Jahre. Was wir hatten und erwirtschaften konnten, reichte gerade so zum Leben, besser zum Überleben [...] Mit der Bodenreform änderten sich nicht nur die Besitzverhältnisse auf dem Land, sondern auch die Arbeitsbedingungen der Bauern. „Wir konnten nicht frei entscheiden, was wir anbauen wollten, wofür unsere Böden am geeignetsten waren. Wir mußten Getreide, Raps, Mohn, Zuckerrüben und sogar Tabak anbauen. Zur Feldarbeit hatten wir ein zweijähriges Fohlen aus dem Viehbestand des alten Guts zugeteilt bekommen, sonst nichts. Unsere Leistung wurde genau kontrolliert."

aus: Dieter Zimmer: Auferstanden aus Ruinen. Von der SBZ zur DDR. Deutsche Verlagsanstalt. Stuttgart 1989, S. 57

M 6
Die Zwangskollektivierung
(Eine Flüchtlingsaussage)

Ich habe eine 36 ha große Landwirtschaft (Altbesitz). Seit Januar 1960 wurde ich laufend aufgefordert, in die LPG, Typ III, einzutreten. Die ersten Werbungen verliefen harmlos. Der eigentliche Druck setzte erst am 6. März 1960 ein. Täglich kamen 6 bis 8 Mann und verlangten mit verschiedenen Begründungen den Eintritt in die LPG. Oft kamen sie täglich zwei bis dreimal oder blieben bis nachts zwei Uhr. Unter den Werbern befanden sich Polizei, SED-Funktionäre und dergleichen.
Die Methoden, mit denen die Werbung durchgeführt wurde, sind verschieden gewesen.
Pauken, Trompeten, Sprechchöre, Gesangsgruppen, Flugblätter wurden beim Einsatz verwendet.
In diesen drei Wochen habe ich ca. 60 Vernehmungen bzw. Diskussionen mit diesen „Roten Brigaden" durchführen müssen. Zuerst waren es Einladungen, dann kamen Aufforderungen, zum Schluß waren es Drohungen. Der Bürgermeister stellte sich auf den Standpunkt: „Wir sind der Staat, wir haben die Macht!"

Sie teilten mir weiterhin mit, meinem Sohn schriftlich den Auftrag zu geben, dafür zu sorgen, daß sein Vater die Unterschrift zum Eintritt in die LPG gibt. Mein Sohn studierte an der TH Dresden, und sie äußerten sich dahingehend, daß mein Sohn im Falle einer Weigerung von der TH entlassen würde.

aus: „Die Zwangskollektivierung des selbständigen Bauernstandes in Mitteldeutschland". Hrsg. vom Bundesministerium für gesamtdeutsche Fragen. Bonn und Berlin 1960, S. 36

M 7
10 Jahre Bodenreform

aus: Informationen zur politischen Bildung 2/1991, H. 231, S. 7

Aufgaben:

Zur Begründung
1. Arbeite anhand des Wahlplakates und der Verordnung über die Bodenreform in Sachsen heraus, welche Argumente für die Bodenreform angeführt werden, was der Bevölkerung versprochen wird.

Zur Durchführung
2. Der Bericht über die Bodenverteilung stammt aus der ehemaligen SBZ. Wie ist die Aufnahme der Bodenreform durch die Bevölkerung dargestellt – warum ist die Darstellung so ausgefallen?
3. Beurteile mit Hilfe der Statistik, ob die politischen Forderungen (M 1 und 2) bis 1952 weitgehend eingelöst wurden.

Zu den Folgen und zur Weiterentwicklung
4. Wie stellen sich die negativen Folgen für die Betroffenen 1945/46 dar?
5. Diskutiere, ob die Bodenreform eine geschickt angelegte Vorstufe der Kollektivierung gewesen ist. Berücksichtige bei Deinem Urteil die Erkenntnisse, die Du aus M 3 und 5 gewonnen hast.

Die Verstaatlichung der Industrie in der SBZ A 5

Die Situation 1946/47

M 1
Eine Fabrik in Henningsdorf

aus: Geteilte Hoffnung. Deutschland nach dem Kriege 1945–1949. Eine Ausstellung des Gesamtdeutschen Instituts. Bonn o. J., S. 33

M 2
Stalinisierte Kohle

aus: ebenda

M 3
Der Volksentscheid in Sachsen

NEUES DEUTSCHLAND
ZENTRALORGAN DER SOZIALISTISCHEN EINHEITSPARTEI DEUTSCHLANDS

Der Sieg des Volksentscheids

Das sächsische Volk gegen die Kriegsverbrecher, für eine friedliche, demokratische Entwicklung Deutschlands

*94,1 Prozent Beteiligung –
77,7 Prozent Ja – 16,5 Prozent Nein*

Dresden, 1. Juli (Eigener Bericht). Der am vergangenen Sonntag im Lande Sachsen durchgeführte Volksentscheid über den Gesetzentwurf zur Enteignung der Kriegs- und Naziverbrecher gestaltete sich zu einem begeisternden und überwältigenden Bekenntnis für die Demokratie und für den Frieden. Mit großer Mehrheit hat sich das sächsische Volk hinter die antifaschistisch-demokratischen Parteien und den FDGB, die den Volksentscheid einleiteten, gestellt und sich für die Überführung der Betriebe der Kriegsverbrecher in das Eigentum des Volkes ausgesprochen.

aus: Neues Deutschland vom 2. 7. 1946

M 4
Umfang der Produktion in den SAGs*

Anteil der Sowjetischen Aktiengesellschaft (SAG) an der Gesamtproduktion der SBZ

Industriezweig	Produktionswerte in Millionen Reichsmark total	bei den SAG	Anteil der SAG in Prozent
Kohlenbergbau	179,6	57,2	31,9
Sonstiger Bergbau	30,3	15,3	50,6
Mineralölindustrie	102,5	78,9	77,0
Metallurgie	81,3	24,4	31,2
Schwermaschinenbau	50,1	21,3	42,6
Sonstiger Maschinenbau	73,4	29,9	40,8
Fahrzeugbau	62,3	28,1	45,0
Elektroindustrie	65,8	35,4	45,0
Feinmechanik/Optik	22,2	4,6	20,7
Metallwarenindustrie	52,8	12,7	24,1
Chemische Industrie	217,6	94,1	43,2
Gummi-/Asbestindustrie	41,6	26,4	68,7
Baustoffindustrie	69,6	8,4	12,1

* SAGs sind sowjetische Aktiengesellschaften, was bedeutet, daß die Betriebe sich letztlich in der Hand des Sowjetstaates befinden.

aus: Keesings Archiv der Gegenwart, 17. 11. 1947 und 14. 1. 1948

A 5 Die Verstaatlichung der Industrie in der SBZ

Die Propaganda und die Gründe

M 5
Ein Wahlplakat der KPD (1946)

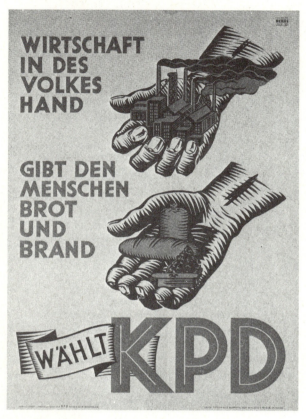

aus: Bohrmann, H. (Hrsg.): Politische Plakate. Die bibliophilen Taschenbücher Nr. 435. Dortmund 1984, S. 447

M 6
Aus einem Geschichtsbuch der ehemaligen DDR

Solange die *sozialökonomischen Wurzeln des Faschismus* – das Eigentum der Monopolisten und Großgrundbesitzer an Fabriken, Rohstoffen und Ländereien – nicht beseitigt waren, bestand die Gefahr einer Restauration der imperialistischen Herrschaft. Der Kampf um weitere demokratische Umgestaltungen erforderte, nicht nur die politischen, sondern auch die ökonomischen Machtverhältnisse zu verändern.

aus: Geschichte 10. Lehrbuch für Klasse 10 der DDR, Verlag Volk und Wissen, Berlin 1977, S. 7 und 58

Aufgaben:

Zur Situation 1946/47
1. Stelle dar, was sich in den Jahren 1946/47 im Bereich der Industrie in der SBZ verändert hat.
2. Wie stellt das Organ (die Zeitung) der SED, „Neues Deutschland", diese Veränderung dar? Erläutere, wie der Begriff „Demokratie" aus der Sicht der SED zu füllen ist.
3. In Sachsen war der Großteil der Industrie der SBZ angesiedelt. Warum wird der Volksentscheid von der SED deshalb von so großer Wichtigkeit erachtet?
4. Welche Rolle spielen Deiner Meinung nach die SAGs im Zusammenhang mit der Verstaatlichung der Industrie?

Zur Propaganda und zu den Gründen
5. Welchen Eindruck versucht das Wahlplakat zu erwecken?
6. Wie wird die Verstaatlichung der Industrie in der SBZ ideologisch begründet?

Ausbeutung und Unterdrückung in der SBZ A 6

Zum Elend

M 1
Wärmeräume

Der Bevölkerung stehen folgende Wärmeräume zur Verfügung: 1. Gaststätte Hermann Horn, Neukölln, Hermannstraße 199. 2. Gaststätte Hermann Rösler, Neukölln, Karlsgartenstraße 4, 3. Gaststätte Adolf May, Neukölln, Weisestraße 63. 4. Gaststätte Frieda Dreimann, Neukölln, Finowstraße 24. 5. Gaststätte Ferdinand Sauer, Neukölln, Pannierstraße 54.

aus: Neues Deutschland vom 7. 1. 1947

M 2
Schule ohne Kohlen

Die verantwortlichen Stellen für das Berliner Schulwesen haben sich an die Alliierte Kommandantur mit der Mitteilung gewandt, daß die Berliner Schulen zur Zeit nur sehr unzureichend mit Kohlen versorgt sind. Es ergibt sich deshalb die Frage, ob weitere Kohlenzuweisungen an die Schulen erfolgen können, oder ob eine Verlängerung der Ferien über den 10. Januar hinaus erfolgen muß. Die Entscheidung der Alliierten Kommandantur dürfte unmittelbar bevorstehen.

aus: ebenda

M 3
Verhungert und erfroren in Berlin

NEUES DEUTSCHLAND
ZENTRALORGAN DER SOZIALISTISCHEN EINHEITSPARTEI DEUTSCHLANDS

Verhungert und erfroren sind:

Die 61jährige Frieda Dahlke, Berlin N 4, Elsässer Str. 39, die 80jährige Gertrud Löchner, Berlin N 113, Carmen-Sylva-Str. 1, die 72jährige Wilhelmine Hahn, Berlin N 113, Nordkapstr. 3, die 80jährige Amalie Krohn, Charlottenburg, Knesebeckstr. 16, [die] 33jährige Margarete Dietrich, Berlin SO [...], die 72jährige Margarete Sch[...] [...]str. 17, der 72jährige Gustav [...]witz 65, der [...]

aus: Neues Deutschland vom 9. 3. 1947

... kommt die Unterdrückung und die Ausbeutung

M 4
Auszug aus einem Erlebnisbericht

Joachim Slawik, Fahrt zur Leipziger Messe 1946:
Schon an der Zonengrenze konnte man feststellen, daß alle ehemals zwei- und mehrgleisigen Strecken eingleisig geworden waren. Tausende von Kilometern Gleise sind in einem Jahr nach dem Osten gewandert. Vor leeren Fabrikgebäuden und ausgestorbenen Werkhallen weht die rote Fahne, und Transparente forderten die „Abschaffung der Bildungsvorrechte", die „Bestrafung der Kriegsgewinnler" und die „Aufteilung des Grundbesitzes".
Längs der Bahn stehen hunderte von riesigen Kisten, in denen die Maschinen und Werkzeuge auf den Abtransport warten. Die früheren elektrischen Strecken Mitteldeutschlands haben keinen Kraftstrom mehr. Die Überlandleitungen und Hochspannungsmasten sind wenige Zentimeter über dem Erdboden mit dem Schneidbrenner weggeschweißt worden und liegen nun in den Feldern und längst der Bahnkörper. Die Kupferdrähte sind den gleichen Weg wie alles andere gegangen. Alles, was nur irgendeinen Wert hat, wird abmontiert. Manche Werke haben, nachdem alle Maschinen ausgeräumt worden waren, mit den wenigen zur Verfügung stehenden Hilfsmitteln eine neue Produktion begonnen. Doch sind auch da einige zum zweiten Male von ihren Maschinen „befreit" worden und andere arbeiten für die Besatzungsmacht.
Fragt man die Menschen, die in dieser Zone wohnen, über ihr Leben, so bekommt man nur knappe und unklare Auskünfte oder gar keine. Man hat Angst vor dem Haus-, Block-, Straßen- und Bezirksbeauftragten der „Partei". (Diese bekommen für ihre Parteiarbeit Lebensmittelkarten für Angestellte, Arbeiter oder Schwerarbeiter.) Einer sagte mir in Leipzig, daß er gerne den „Tagesspiegel" bestellen würde, sich aber nicht traue.

aus: Süddeutsche Zeitung, München, 17. Mai 1946

A 6 Ausbeutung und Unterdrückung in der SBZ

M 5
Demontageverluste in der SBZ Ende 1946 in Prozent der Kapazität von 1936

Industriezweig	Deutsche Schätzung	Englische Schätzung (Manchester Guardian)
Eisengießerei und Hüttenwerke	50–55	80
Schwere Maschinenindustrie	55–63	55
Kraftfahrzeugindustrie	55–63	55
Elektroindustrie	55–63	60
Feinmechanische und Optische Industrie	55–63	60
Zellstoff- und Papierindustrie	40–50	45
Stickstoffindustrie	50–55	60
Textilindustrie	20–30	15

aus: Kleßmann, Christoph: Die doppelte Staatsgründung, hrsg. von der Bundeszentrale für politische Bildung, Bonn 1982, S. 36

M 6
Menschliche Reparationen

Gegen zwei Uhr nachts erfüllte plötzlich Motorenlärm die Straßen. Harte Kolbenschläge an die Haustüren sorgfältig auf Listen verzeichneter Personen gaben Aufschluß über die geheimnisvolle Geschäftigkeit der Besatzungstruppen. Die Aktion „Ossawakim" war angelaufen. Dieser Name soll eine Zusammenziehung aus russischen Wörtern sein und sinngemäß „Sonderverwaltung zur Durchführung von Verlagerungen" bedeuten. Der planmäßige Abtransport deutscher Techniker und Spezialisten in die Sowjetunion hatte begonnen.
Ohne jede Ankündigung luden NKWD-Soldaten die überraschten, erschrockenen, ja verzweifelten Menschen auf bereitgestellte Lkws, fuhren sie zu den abgesperrten Bahnhöfen, stapelten Möbel auf, stopften Hausrat, Kisten, Handwagen, Fahrräder eilends in ebenfalls bereitstehende Waggons, versiegelten die Schiebetüren und wiesen den praktisch Inhaftierten Abteile in D-Zug-Wagen an, die sie nicht mehr verlassen durften.
Erschütternde Szenen spielten sich ab. In den meisten Fällen folgten die Frauen ihren Männern in das ungewisse Schicksal. Oftmals mußten kurz vor der Abreise Zustimmungserklärungen abgegeben werden. Fachkräften in Berliner Betrieben wurde von Dolmetschern folgender Befehl verlesen:
„Da der Betrieb, in dem Sie arbeiten, in die UdSSR verlegt wird, haben Sie sich mit Ihrer gesamten Familie zur Abreise in die UdSSR bereit zu halten. Sie haben mit Ihrer Familie auf der Bahn Personenwagen zu besteigen. Für den Abtransport des Hausrates stehen Ihnen Güterwagen zur Verfügung. Der neue Vertrag wird mit Ihnen nach der Ankunft in der UdSSR abgeschlossen werden. Die vertraglichen Verhältnisse werden die gleichen sein, wie sie für Facharbeiter in Rußland gelten. Sie werden zunächst auf die Dauer von drei bzw. fünf Jahren in die Sowjetunion verpflichtet."

aus: Gniffke, Erich W.: Jahre mit Ulbricht, Köln 1966, S. 215f.

Die Propaganda

M 7
Ein Dorfplakat

aus: Geteilte Hoffnung. Deutschland nach dem Kriege 1945–1949. Eine Ausstellung des Gesamtdeutschen Instituts. Bonn o. J., S. 32

M 8
Auf vielen Plakaten in der SBZ/DDR las man immer wieder:

Von der Sowjetunion lernen, heißt siegen lernen!

Aufgaben:

Zum Elend
1. Beschreibe die Lebenssituation der Menschen in der SBZ.

… kommt die Unterdrückung und die Ausbeutung
2. Arbeite heraus, wie sich Unterdrückung und Ausbeutung dem Augenzeugen darstellen (M 4).
3. Werte die Statistik über die Demontageverluste aus und beschreibe die Folgen dieser Verluste und der menschlichen Reparationen
   a) für die wirtschaftliche Entwicklung und den Lebensstandard in der SBZ
   b) für die Atmosphäre in der SBZ und das Verhältnis zwischen der Bevölkerung und der sowjetischen Besatzungsmacht.

Zur Propaganda
4. Beurteile die Aussage des Plakates und des Propagandaspruchs!

Ausweitung des kommunistischen Machtbereichs A 7

Die Vertreibung

M 1
Ein Erlebnisbericht

Auszug aus einem Erlebnisbericht einer Frau aus Sorau in Brandenburg (Juni 1945):
Die Zivilpolen benahmen sich anständig, sie plünderten wohl auch noch, aber viel hatte der Russe ja nicht übriggelassen. Aber Vergewaltigungen kamen da kaum vor. Bis dann am Morgen des 23. Juni 1945 die polnische Soldateska erschien, die sogenannten Lubliner Polen, und die gesamte Bevölkerung Soraus, gegen 29 000 Menschen, an diesem Tag auswies. Nur ganz wenige, die in den Fabriken für den Russen arbeiteten, durften bleiben.
Mir ließen sie wie allen genau zehn Minuten Zeit. Ich konnte nun bloß mein einjähriges Enkelkind die drei Treppen herunterschleppen, danach den Kinderwagen, den sie mir auch schon teilweise ausgeplündert hatten, dann für den Kleinen heimlich einige Lebensmittel aus den Verstecken holen, und als ich dann noch für mich aus meiner Wohnung meinen Mantel holen wollte, ließ mich der Pole nicht mehr herein mit dem Vermerk, die zehn Minuten waren herum.

aus: Die Welt seit 1945. Bearbeitet von H. Krause und K. Reif. München 1980, Seite 47 f. und S. 50 (Geschichte in Quellen)

M 2
Befehl zur Vertreibung

Sonderbefehl
für die deutsche Bevölkerung der Stadt Bad Salzbrunn einschließlich Ortsteil Sandberg.

Laut Befehl der Polnischen Regierung wird befohlen:
1. Am 14. Juli 1945 ab 6 bis 9 Uhr wird eine Umsiedlung der deutschen Bevölkerung stattfinden.
2. Die deutsche Bevölkerung wird in das Gebiet westlich des Flusses Neiße umgesiedelt.
3. Jeder Deutsche darf höchstens 20 kg Reisegepäck mitnehmen.
4. Kein Transport (Wagen, Ochsen, Pferde, Kühe usw.) wird erlaubt.
5. Das ganze lebendige und tote Inventar in unbeschädigtem Zustande bleibt als Eigentum der Polnischen Regierung.
6. Die letzte Umsiedlungsfrist läuft am 14. Juli 10 Uhr ab.
7. Nichtausführung des Befehls wird mit schärfsten Strafen verfolgt, einschließlich Waffengebrauch. [...]

aus: Grube, F. und G. Richter, Flucht und Vertreibung. Frankfurt 1980, S. 177

Die Vereinbarung?

M 3
Aus den Potsdamer Protokollen

[...] Die drei Regierungschefs geben erneut ihrer Ansicht Ausdruck, daß die endgültige Festsetzung der Westgrenze Polens einer Regelung in den Friedensverträgen vorbehalten bleiben soll.
Die drei Regierungschefs stimmen dahin überein, daß bis zur endgültigen Regelung der Westgrenze Polens die folgenden Gebiete der Verwaltung des Polnischen Staates unterstellt und als solche nicht als ein Teil der sowjetrussischen Besetzungszone in Deutschland angesehen werden sollen: Die früheren deutschen Gebiete östlich der Linie, die von der Ostsee unmittelbar westlich von Swinemünde der Oder bis zu ihrem Zusammenfluß mit der westlichen Neiße folgt und dann längs der westlichen Neiße bis zur tschechoslowakischen Grenze verläuft, einschließlich des Teiles von Ostpreußen, der in Übereinstimmung mit dem auf dieser Konferenz getroffenen Abkommen nicht der Verwaltung der Union der Sozialistischen Sowjet-Republiken untersteht, ferner einschließlich der früheren Freien Stadt Danzig [...].

aus: Amtliche Verlautbarung über die Konferenz von Potsdam vom 17. Juli bis 2. August 1945. In: Amtsblatt des Kontrollrates in Deutschland, Ergänzungsblatt Nr. 1, S. 13–20. BundesarchivMilitärarchiv, o. O., o. J. 4/700

M 4
Aus einer Rede Molotows zur deutschen Ostgrenze

Es ist schon über ein Jahr her, daß die Westgrenze Polens auf der Linie Swinemünde–Oder–Westneiße liegt. Die Verwaltung des gesamten Gebietes östlich dieser Linie liegt schon das zweite Jahr in der Hand der polnischen Regierung. Schon am 20. November 1945 legte der Kontrollrat in Deutschland den Plan der Aussiedlung der deutschen Bevölkerung aus Polen fest. Gemäß diesem Plan schritt man dazu, dreieinhalb Millionen Deutsche aus Polen in die sowjetische und britische Besatzungszone Deutschlands zu übersiedeln. Im Laufe der gesamten folgenden Zeitspanne nahm diese Übersiedlung ohne Unterbrechung bis auf den heutigen Tag ihren Fortgang. Zweieinhalb Millionen Deutsche sind bereits aus Polen auf den Boden Deutschlands übergesiedelt, wobei mehr als die Hälfte in die britische Zone versetzt wurde. Statt der ausgesiedelten Deutschen werden dort Polen aus anderen Gebieten Polens angesiedelt. In die polnischen Westgebiete ist bereits so manche Million Polen übersiedelt.

aus: Dokumente der deutschen Politik und Geschichte von 1848 bis zur Gegenwart. Bd. IV: Deutschland nach dem Zusammenbruch 1945. Hrsg. v. J. Hohlfeld. Berlin 1952, S. 139 f.

A 7 Ausweitung des kommunistischen Machtbereichs

Die Ausdehnung

M 5

Tabellarischer Überblick über die Entstehung von Volksrepubliken

Polen 1947
Tschechoslowakei 1948
Ungarn 1946
Rumänien 1947
Bulgarien 1946
Albanien 1946
Jugoslawien 1946

M 6

**Der Eiserne Vorhang
– Churchill an Truman –**

Churchill an Truman, 12. 5. 1945:
Die Lage in Europa beunruhigt mich zutiefst ... Ein eiserner Vorhang ist vor ihrer [der Russen] Front niedergegangen. Was dahinter vorgeht, wissen wir nicht. Es ist kaum zu bezweifeln, daß der gesamte Raum östlich der Linie Lübeck-Triest-Korfu schon binnen kurzem völlig in ihrer Hand sein wird.

aus: Winston S. Churchill: Der Zweite Weltkrieg. Bd. VI., 2: Der Eiserne Vorhang. Scherz & Goverts Verlag, Stuttgart 1954, S. 261 f. (Übersetzt von Eduard Thorsch)

Aufgaben:

Zur Vertreibung
1. Beschreibe die Situation der Deutschen in den Ostgebieten.

Zur Vereinbarung
2. Welche Vereinbarungen treffen die Alliierten in Potsdam bezüglich des Verlaufes der Grenze zwischen Polen und Deutschland?
3. Beurteile, ob die Vereinbarungen von Potsdam – aus der Sicht Molotows – eingehalten werden?

Zur Ausdehnung
4. Kennzeichne in der Umrißkarte die veränderte Lage Polens nach dem Kriege. Benutze zusätzlich einen Geschichtsatlas.
5. Schraffiere die Länder, die bis 1948 Volksrepubliken (kommunistisch) wurden, und kennzeichne die Gebiete, die nach dem Zweiten Weltkrieg zur UdSSR gehören.
6. Erläutere die Gründe, die Churchill zur Beunruhigung führen. Berücksichtige dabei die Aussagen Molotows.

Wende in der amerikanischen und britischen Deutschlandpolitik A 8

Die Veränderung

M 1
Aus einer Anweisung der US-Militärregierung vom April 1945

In der Anweisung JCS 1067 vom April 1945 der US-Militärregierung an den Oberbefehlshaber der amerikanischen Besatzungstruppen heißt es:
4. Grundlegende Ziele der Militärregierung in Deutschland
   a) Es muß den Deutschen klargemacht werden, daß Deutschlands rücksichtslose Kriegsführung und der fanatische Widerstand der Nazis die deutsche Wirtschaft zerstört und Chaos und Leiden unvermeidlich gemacht haben, und daß sie nicht der Verantwortung für das entgehen können, was sie selbst auf sich geladen haben.
   c) Das Hauptziel der Alliierten ist es, Deutschland daran zu hindern, je wieder eine Bedrohung des Weltfriedens zu werden. [...]

aus: Europa-Archiv, Bd. 6, 1948, S. 284

M 2
Aus einer Rede des amerikanischen Außenministers Byrnes (Herbst 1946)

Das amerikanische Volk, das für die Freiheit gekämpft hat, hat nicht den Wunsch, das deutsche Volk zu versklaven. Die Freiheit, an welche die Amerikaner glauben und für die sie kämpfen, ist eine Freiheit, an der alle teilhaben sollen, die gewillt sind, die Freiheit anderer zu achten.

Das amerikanische Volk wünscht, dem deutschen Volk die Regierung Deutschlands zurückzugeben. Das amerikanische Volk will dem deutschen Volk helfen, seinen Weg zurückzufinden zu einem ehrenvollen Platz unter den freien und friedliebenden Nationen der Welt.

aus: Dokumente der Deutschen Politik und Geschichte von 1848 bis zur Gegenwart. Bd. VI, Berlin 1952, S. 130 ff.

Die Gründe für die Veränderung

M 3
Die Kominternspinne*

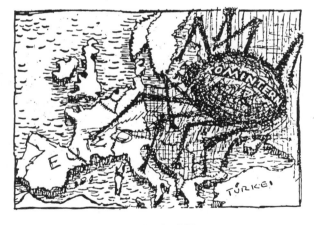

aus: Hannoversche Presse, 10. 10. 1947

* Die Komintern ist die Vereinigung der internationalen Kommunisten.

M 4
Stalin über die Kriegs- und Besatzungsziele

Nach Milovan Djilas sagte Josef Stalin 1945 über die Kriegsziele der Alliierten:

„Dieser Krieg ist nicht wie in der Vergangenheit; wer immer ein Gebiet besetzt, erlegt ihm auch sein eigenes gesellschaftliches System auf. Jeder führt sein eigenes System ein, so weit seine Armee vordringen kann. Es kann gar nicht anders sein."

aus: Milovan Djilas: Gespräche mit Stalin, Frankfurt 1962, S. 146

A 8 Wende in der amerikanischen und britischen Deutschlandpolitik

M 5
Die Truman-Doktrin

Auszug aus der Kongreßbotschaft Präsident Trumans vom 12. 3. 1947

In einer Anzahl von Ländern waren den Völkern kürzlich gegen ihren Willen totalitäre Regimes aufgezwungen worden. Die Regierung der Vereinigten Staaten hat mehrfach gegen Zwang und Einschüchterung protestiert.

Ich bin der Ansicht, daß es die Politik der Vereinigten Staaten sein muß, die freien Völker zu unterstützen, die sich der Unterwerfung durch bewaffnete Minderheiten oder durch Druck von außen widersetzen. Ich glaube, daß wir den freien Völkern helfen müssen, sich ihr eigenes Geschick nach ihrer eigenen Art zu gestalten.

Ich bin der Ansicht, daß unsere Hilfe in erster Linie in Form wirtschaftlicher und finanzieller Unterstützung gegeben werden sollte, die für eine wirtschaftliche Stabilität und geordnete politische Vorgänge wesentlich ist.

aus: Europa-Archiv, 2. Jg. (1947), S. 820

M 6
Aus einer Kabinettsvorlage des britischen Außenministers Bevin (1946)

„Bis vor wenigen Monaten waren wir der Meinung, das deutsche Problem beschränke sich einzig und allein auf Deutschland selbst, und es gehe nur darum, den besten Weg zu finden, den Wiederaufstieg Deutschlands zu einer starken, aggressiven Macht zu verhindern. Zeitweilig wurde besonderer Nachdruck auf die Umerziehung gelegt, in der Regel ging es jedoch um Kontroll- und Sicherheitsmaßnahmen. Dieses Ziel kann selbstverständlich nicht aufgegeben werden, ist es doch eines, was wir mit den Russen gemeinsam verfolgen. Aber es kann nicht länger als unser einziges oder sogar wichtigstes Ziel betrachtet werden. Denn die russische Gefahr ist inzwischen mit Sicherheit genauso groß, möglicherweise aber noch größer als die Gefahr eines wiedererstarkten Deutschlands. Am schlimmsten aber wäre ein wiedererstarktes Deutschland, das gemeinsame Sache mit Rußland macht oder von ihm beherrscht würde."

aus: Steiniger, R.: Deutsche Geschichte 1945–1961. Darstellung und Dokumente in 2 Bd'n. Fischer TB 4315/16. Frankfurt 1983. Bd. I, S. 188 ff.

Die Perspektiven

M 7
Die Pläne – gleich und ungleich?

aus dem Nebelspalter. Schweiz (Der Spiegel, 2. 8. 1947)

Aufgaben:

Zur Veränderung

1. Stelle heraus, wie die amerikanische Besatzungsmacht
   a) 1945 mit dem besetzten Deutschland verfahren will,
   b) 1946 mit dem besetzten Deutschland in Zukunft umzugehen gedenkt, und formuliere einen Satz, der diesen Unterschied präzise faßt.

Zu den Gründen für die Veränderung

2. Beschreibe die Karikatur.
3. Bewerte die Aussage der Karikatur, indem Du die Stellungnahme Stalins über die Kriegsziele miteinbeziehst.
4. Welche Gründe findest Du in der „Truman-Doktrin" und in den Ausführungen Bevins für die Veränderung der amerikanischen Deutschlandpolitik, die mit den von Dir bislang ermittelten übereinstimmen?

Zu den Perspektiven

5. Beschreibe die Karikatur und überlege, welche Pläne der Alliierten sich – nach Aussage der Karikatur – Deiner Meinung nach im Jahr 1947 in Einklang bringen lassen.

Der Marshallplan A 9

Die Voraussetzungen

M 1
Reparationsabmachungen – Auszüge aus dem Potsdamer Abkommen

Während der Dauer der Besetzung soll ganz Deutschland als eine wirtschaftliche Einheit behandelt werden. [...]
1. Reparationsansprüche der UdSSR sollen durch Überführung von Sachwerten aus der von der UdSSR besetzten Zone in Deutschland und durch für diesen Zweck bestimmte ausländische Vermögenswerte Deutschlands gedeckt werden.
2. Die UdSSR übernimmt die Befriedigung der Reparationsansprüche Polens aus ihrem eigenen Anteil an den Reparationen. [...]

aus: Amtliche Verlautbarung über die Konferenz von Potsdam vom 7. Juli bis 2. August 1945. In: Amtsblatt des Kontrollrates in Deutschland, Ergänzungsblatt Nr. 1, S. 13–20. Bundesarchiv Militärarchiv, o. O., o. J. 4/700

M 2
Die Folgen der Abmachungen

Our End of the Cow

Die sowjetische Forderung, die – bedingt durch Kriegszerstörungen, territoriale Verluste und Demontagen – sehr geringe laufende Produktion auch für Reparationszwecke heranzuziehen, droht die erzwungene Subventionierung der deutschen Wirtschaft durch die Angloamerikaner in die Zukunft hinein zu verlängern, wenn man nicht den Lebensstandard so weit herabdrücken will, daß alle Hoffnungen auf einen demokratischen Wiederaufbau aufgegeben werden müssen.

aus: New York Herald Tribune, 29. 9. 1946

M 3
Gründung der Bizone

aus: Daily Herald (Die Welt, 2. 8. 1946)

Der Plan und die Bedingungen

M 4
Aus der Rede des US-Außenministers George Marshall (Gehalten in der Harvard-Universität am 5. 6. 1947)

Es ist nur logisch, daß die Vereinigten Staaten alles tun, was in ihrer Macht steht, um die Wiederherstellung gesunder wirtschaftlicher Verhältnisse in der Welt zu fördern, ohne die es keine politische Stabilität und keinen sicheren Frieden geben kann. Unsere Politik richtet sich nicht gegen irgendein Land oder irgendeine Doktrin, sondern gegen Hunger, Armut, Verzweiflung und Chaos. Ihr Zweck ist die Wiederbelebung einer funktionierenden Weltwirtschaft, damit die Entstehung politischer und sozialer Bedingungen ermöglicht wird, unter denen freie Institutionen existieren können. [...]
Jeder Regierung, die bereit ist, beim Wiederaufbau zu helfen, wird die volle Unterstützung der Regierung der Vereinigten Staaten gewährt werden, dessen bin ich sicher. Aber eine Regierung, die durch Machenschaften versucht, die Gesundung der anderen Länder zu hemmen, kann von uns keine Hilfe erwarten.

zit. nach: Huster, E. U. u. a.: Determinante der westdeutschen Restauration 1945–1949. Frankfurt/M. 1980, S. 341 f.

A 9 Der Marshallplan

M 5
Angebot an den Osten

aus: New York Times, 22. 6. 1947

M 6
Hilfen des Marshallplans 1948–52

Großbritannien	3,6 Mrd. Dollar
Frankreich	3,1 Mrd. Dollar
Italien	1,6 Mrd. Dollar
Deutschland West	1,5 Mrd. Dollar
Niederlande	1,0 Mrd. Dollar
Österreich	0,7 Mrd. Dollar
Griechenland	0,8 Mrd. Dollar
Belgien/Luxemburg	0,6 Mrd. Dollar
Verschiedene	1,8 Mrd. Dollar

aus: Schmücker, K.,: Hilfe für Deutschland. In: Zwanzig Jahre Marshallplan. Beilage zur Wochenzeitung *Das Parlament*. B 22/67 vom 31. Mai 1967, S. 5

Der Marshallplan umfaßte nicht nur eine finanzielle Hilfe, denn es flossen nach Europa und in die westlichen Besatzungszonen auch Rohstoffe, Maschinen und Lebensmittel.

Die politischen Folgen

M 7
Die beiden Teile

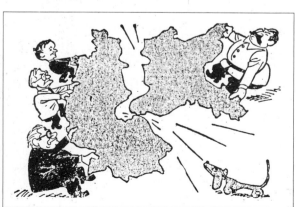

L'Aurore (Hannoversche Presse, 22. 5. 1948)

M 8
Aus einer Denkschrift George F. Kennans (1945, veröffentlicht 1949):

Die Idee, Deutschland gemeinsam mit den Russen regieren zu wollen, ist ein Wahn. Ein ebensolcher Wahn ist es, zu glauben, die Russen und wir könnten uns eines schönen Tages höflich zurückziehen, und aus dem Vakuum werde ein gesundes und friedliches, stabiles und freundliches Deutschland steigen. Wir haben keine andere Wahl, als unseren Teil von Deutschland, den Teil, für den wir und die Briten die Verantwortung übernommen haben, zu einer Form von Unabhängigkeit zu führen, die so befriedigend, so gesichert, so überlegen ist, daß der Osten sie nicht gefährden kann. Das ist eine gewaltige Aufgabe für die Amerikaner. Aber sie läßt sich nicht umgehen; und hierüber, nicht über undurchführbare Pläne für eine gemeinsame Militärregierung, sollten wir uns Gedanken machen.
Zugegeben, daß das Zerstückelung bedeutet. Aber die Zerstückelung ist bereits Tatsache, wegen der Oder-Neiße-Linie. Ob das Stück Sowjetzone wieder mit Deutschland verbunden wird oder nicht, ist jetzt nicht wichtig. Besser ein zerstückeltes Deutschland, von dem wenigstens der westliche Teil als Prellbock für die Kräfte des Totalitarismus wirkt, als ein geeintes Deutschland, das diese Kräfte wieder bis an die Nordsee vorläßt. ...

aus: G. F. Kennan, Memoiren eines Diplomaten. Deutsche Verlagsanstalt. Stuttgart, 4. Aufl. 1968, S. 262 ff.

Aufgaben:

Zu den Voraussetzungen
1. Erläutere, welche Schwierigkeiten sich aus Sicht des Karikaturisten hinsichtlich der Reparationsabmachungen der Alliierten in Potsdam für die USA ergeben.
2. Erläutere, was die zweite Karikatur ausdrücken will. Beachte dabei besonders die Haltung Frankreichs und der UdSSR.

Zum Plan und dessen Bedingungen
3. Arbeite die Gründe heraus, die der US-Außenminister Marshall dafür findet, daß es nötig sei, Europa wirtschaftlich zu helfen.
4. Stelle heraus, welche Bedingungen an die Marshall-Hilfe geknüpft werden.
5. Stelle Vermutungen an, wie sich die wirtschaftliche Entwicklung in den Ländern vollziehen wird, die die Marshall-Hilfe erhalten. Beachte dabei den Umfang und die Art dieser Hilfe.

Zu den politischen Folgen
6. Versuche, die Aussage der Karikatur mit den Äußerungen Kennans in Einklang zu bringen und beurteile die Chance, daß Deutschland als ein Ganzes bestehen bleiben könne.

Die Währungsreform A 10

Die Situation

M 1
Der Schwarzmarkt

In den Jahren nach Kriegsende hatte sich in Folge der Zwangsbewirtschaftung (Zuteilung nach dem Bezugsscheinsystem) und der Tatsache, daß die Währung ihren Wert verloren hatte, folgendes entwickelt:

Ein Tauschgeschäft

„Einem hungrigen Freunde wurde ein Pfund Butter für 320,- RM angeboten. Er nahm sie auf Kredit, weil er soviel Geld nicht hatte. Er wollte sie morgen bezahlen. Ein halbes Pfund bekam seine Frau. Mit dem Rest gingen wir ‚kompensieren': In einem Tabakladen gab es für das halbe Pfund 50 Zigaretten. Zehn Stück behielten wir für uns. Mit dem Rest gingen wir in eine Kneipe. Wir rauchten eine Zigarette, und das Geschäft war perfekt: Für die 40 Zigaretten erhielten wir eine Flasche Wein und eine Flasche Schnaps. Den Wein brachten wir nach Hause. Mit dem Schnaps fuhren wir aufs Land. Bald fand sich ein Bauer, der uns für den Schnaps zwei Pfund Butter eintauschte. Am nächsten Morgen brachte mein Freund dem ersten Butterlieferanten sein Pfund zurück, weil es zu teuer war. Unsere Kompensation hatte 1½ Pfund Butter, eine Flasche Wein, 10 Zigaretten und das Vergnügen eines steuerfreien Gewerbes eingebracht."

aus: Berliner „Telegraf" vom 24. Juni 1947

M 2
Ein Plakat

aus: Gesamtdeutsches Institut – Bundesanstalt für gesamtdeutsche Aufgaben (Hg.): Geteilte Hoffnung. Deutschland nach dem Kriege 1945–1949 (Ausstellungskatalog). Bonn o. J., S. 69

Die Überwindung

M 3
Auszug aus dem Währungsgesetz

§ 1
(1) Mit Wirkung vom 21. Juni 1948 gilt die Deutsche-Mark-Währung. Ihre Rechnungseinheit bildet die Deutsche Mark, die in hundert deutsche Pfennige eingeteilt ist.
(2) Alleinige gesetzliche Zahlungsmittel sind vom 21. Juni 1948 an:
1. die auf Deutsche Mark oder Pfennig lautenden Noten und Münzen, die von der Bank Deutscher Länder ausgegeben werden.
2. Folgende Noten und Münzen zu einem Zehntel ihres bisherigen Nennwertes:
a) in Deutschland in Umlauf gesetzte Marknoten der Alliierten Militärbehörde zu 1 und ½ Mark [...]

§ 6
Jeder Einwohner des Währungsgebietes erhält im Umtausch gegen Altgeldnoten (§ 9 Abs. 1 Ziff. 1) desselben Nennbetrags bis zu sechzig Deutsche Mark in bar (Kopfbetrag). Ein Teil des Kopfbetrags in Höhe von nicht mehr als vierzig Deutsche Mark wird sofort ausgezahlt, der Rest innerhalb von zwei Monaten. Für den Fall, daß dem Berechtigten bei dem späteren Umtausch von Altgeld ein Anspruch auf Beträge in Deutscher Mark zusteht, bleibt die Anrechnung des Kopfbetrages hierauf vorbehalten. [...] Gewerbetreibende und Angehörige freier Berufe auf Antrag eine in Deutscher Mark zahlbare Übergangshilfe für geschäftliche Zwecke (Geschäftsbetrag). Der Geschäftsbetrag bemißt sich nach der Zahl der von dem Anspruchsberechtigten beschäftigten Arbeitnehmer und der Höhe der von ihm unterhaltenen Altgeldguthaben. Er beträgt sechzig Deutsche Mark je Arbeitnehmer, höchstens jedoch eine Deutsche Mark für jede Reichsmark Altgeldguthaben [...] Aktienkapital unterliegt keiner Entwertung.

aus: Dokumente der Deutschen Politik und von 1848 bis zur Gegenwart. Bd. VI, Berlin 1952, S. 283 ff.

A 10 Die Währungsreform

Die Folgen

M 4
Währungsreform in der SBZ

NEUES DEUTSCHLAND
ZENTRALORGAN DER SOZIALISTISCHEN EINHEITSPARTEI DEUTSCHLANDS

Währungsreform in der sowjetischen Besatzungszone Deutschlands

Befehl des Marschall Sokolowskij
Oberster Chef der Sowjetischen Militärverwaltung in Deutschland (Nr. 111)

Umtausch vom 24. bis 26. Juni / 70 Mark pro Kopf 1:1
Spareinlagen bis 1000 Mark begünstigt

Schlagzeilen aus ND vom 23. 6. 1948

M 5
Auszug aus dem Beschluß des ZK der SED vom 22. Juni 1948

In der Sowjetischen Besatzungszone Deutschlands werden die sich als notwendig erweisenden Gegenmaßnahmen unter grundsätzlich anderen Bedingungen erfolgen. Die Konzern- und Bankherren, Kriegsverbrecher und Großgrundbesitzer sind enteignet. Das werktätige Volk hat die Staatsverwaltung in den Händen. Durch die Überprüfung aller alter Konten über 3000 RM – gemäß den Beschlüssen der Deutschen Wirtschaftskommission – werden mit der Währungsreform die noch vorhandenen Kriegsgewinne vollständig beseitigt. Die durch Schwarzmarktgeschäfte und Spekulationen erschobenen Gelder werden mit Hilfe der Überprüfung aller neuen Konten über 5000 RM eingezogen. Durch diese Maßnahmen werden auf Kosten der Kriegsgewinnler und Schieber gesunde Geldverhältnisse geschaffen, und es wird dem demokratischen Aufbau und der Friedenswirtschaft gedient.

aus: Dokumente der SED. Beschlüsse und Erklärungen des Zentralkommitees sowie seines Politbüros. Berlin 1951 ff., Bd. II, S. 16 ff.

M 6
Der Weg über die Brücken

Vorsicht! Nicht stürzen

Ulenspiegel, 3. Mai-Heft, 1948

Aufgaben:

Zum Schwarzmarkt
1. Ermittle aus dem Text „Tauschgeschäft", wie sich der Wirtschaftsablauf verzerrt hat, und überlege, ob sich solche „Geschäfte" auch im großen Stil ergeben haben könnten. Ziehe zu Deinen Überlegungen das Plakat zu Rate.

Zur Überwindung
2. „Am Tage der Währungsreform waren wir alle gleich!", so lautet ein ernstgemeinter Satz, der darauf abhebt, daß alle Bürger eine Kopfprämie von zunächst 40,– DM bekamen. Versuche diesen Satz zu widerlegen und überlege Dir, wer warum bevorzugt wurde.

Zu den Folgen
3. Ermittle den propagandistischen Gehalt der Schlagzeilen aus dem „Neuen Deutschland".
4. Stelle heraus, wie die SED die Währungsreform in den Westzonen bewertet, und überlege Dir, ob die Aussage der Karikatur zutreffend ist.
5. Erläutere, was für Folgen entstehen, wenn es in einem Land, das als „wirtschaftliche Einheit" betrachtet werden soll, zwei verschiedene Währungen gibt.

Die Berliner Blockade A 11

Die Sperrung

M 1
Aus einer Mitteilung der SMV

[...] Infolge einer technischen Störung an der Eisenbahnstrecke war die Transportverwaltung der Sowjetischen Militärverwaltung in Deutschland gezwungen, in der Nacht zum 24. Juni sowohl den Passagier als auch den Güterverkehr auf der Strecke Berlin–Helmstedt in beiden Richtungen einzustellen.

Berlin, 23. Juni, ADN

M 2
Berlin und die Zufahrtswege

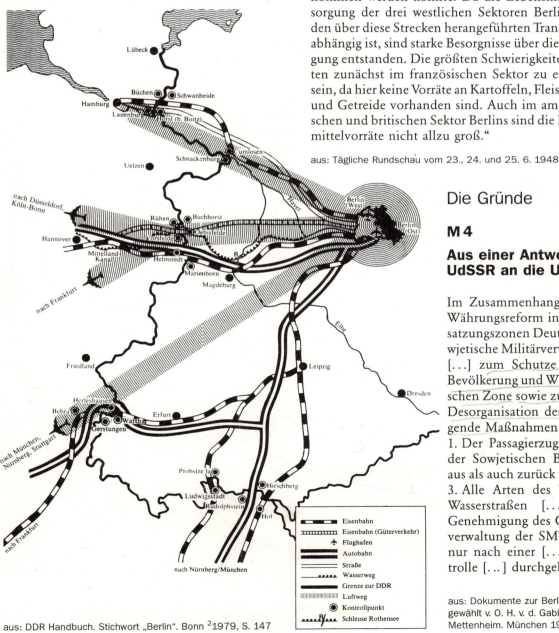

aus: DDR Handbuch. Stichwort „Berlin". Bonn ²1979, S. 147

M 3
Die „Tägliche Rundschau" meldet

„Der Chef der Transportverwaltung der SMV, Generalmajor Kwaschnin, erließ die notwendigen Anordnungen, um die Strecke schnellstens in Ordnung zu bringen. Wie verlautet, ist es z. Z. nicht möglich, zur Aufrechterhaltung des Eisenbahnverkehrs in dieser Richtung eine Umleitung vorzunehmen, da sich das auf den gesamten Eisenbahnverkehr der sowjetischen Besatzungszone ungünstig auswirken würde. Die bereits gemeldeten technischen Störungen an der Eisenbahnstrecke Berlin–Helmstedt sind laut Auskunft zuständiger Stellen viel ernster, als zunächst angenommen wurde. Es ist daher im Augenblick schwer zu übersehen, wann der inzwischen in beiden Richtungen auf der Strecke Berlin–Helmstedt eingestellte Güter- und Personenverkehr wieder aufgenommen werden könnte. Da die Lebensmittelversorgung der drei westlichen Sektoren Berlins von den über diese Strecken herangeführten Transporten abhängig ist, sind starke Besorgnisse über die Versorgung entstanden. Die größten Schwierigkeiten dürften zunächst im französischen Sektor zu erwarten sein, da hier keine Vorräte an Kartoffeln, Fleisch, Fett und Getreide vorhanden sind. Auch im amerikanischen und britischen Sektor Berlins sind die Lebensmittelvorräte nicht allzu groß."

aus: Tägliche Rundschau vom 23., 24. und 25. 6. 1948

Die Gründe

M 4
Aus einer Antwortnote der UdSSR an die USA

Im Zusammenhang mit der separaten Währungsreform in den westlichen Besatzungszonen Deutschlands war die sowjetische Militärverwaltung gezwungen, [...] zum Schutze der Interessen der Bevölkerung und Wirtschaft der sowjetischen Zone sowie zur Vorbeugung einer Desorganisation des Geldumlaufes folgende Maßnahmen durchzuführen:
1. Der Passagierzugverkehr sowohl aus der Sowjetischen Besatzungszone heraus als auch zurück wird eingestellt [...]
3. Alle Arten des Transports auf den Wasserstraßen [...] bedürfen einer Genehmigung des Chefs der Transportverwaltung der SMV [...] und werden nur nach einer [...] sorgfältigen Kontrolle [...] durchgelassen [...]

aus: Dokumente zur Berlinfrage 1944–1959. Ausgewählt v. O. H. v. d. Gablentz, H. W. Kuhn u. C. F. v. Mettenheim. München 1959, S. 76

A 11 Die Berliner Blockade

M 5
Marschall Sokolowski an General Robertson

Geehrter General Robertson!
Das sowjetische Kommando kann nicht umhin, Ihre Aufmerksamkeit auf die gefährlichen Handlungen zu lenken, die in den Westsektoren Berlins vorgenommen werden, um die deutschen städtischen Verwaltungsorgane zu desorganisieren und zu spalten, was seitens der Militärkommandanten der Westsektoren Unterstützung findet. [...]
Die Separatwahlen in den Westsektoren am 5. Dezember haben das Ziel, die einheitlichen städtischen Verwaltungsorgane zu beseitigen und einen separaten Magistrat in den Westsektoren zu schaffen, damit dort die westlichen Militärbehörden unkontrolliert schalten und walten können, sowie die Aktivität der antidemokratischen und unverhüllten reaktionären Elemente in der Stadt zu fördern.

aus: Dokumente zur Berlinfrage 1944–1959. Ausgewählt von O. H. von der Gablentz u. a. München 1959, S. 109

Aufgaben:

Zur Sperrung
1. Welche Gründe gibt die SMV für die Sperrung der Zufahrtswege an?
2. Was bedeutet die Sperrung für Berlin (M 2 und 3)?

Zu den Gründen
3. Beurteile die angegebenen Gründe, indem Du jetzt die Antwortnote (M 4) und Sokolowskis Ausführungen (M 5) berücksichtigst.

Zu den Gegenmaßnahmen
4. Skizziere den Umfang der Gegenmaßnahmen und begründe das Engagement der USA und Großbritanniens.

Zum Ausgang
5. Welche Bedeutung hat die Blockade für das Ost-Westverhältnis und für das Verhältnis der Berliner zu den USA und den Briten?

Gegenmaßnahmen

M 6
Die Blockade Berlins und die Luftbrücke

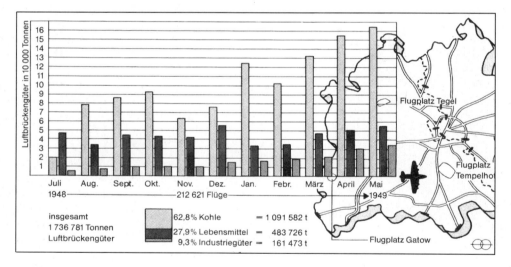

Ausgang

M 7
Blockadeabbruch

Gefährliche Passage

New York Sun, (Der Spiegel, 18. 9. 1948)

Die Weststaatlösung A 12

Der Auftrag

M 1
Aus der Stellungnahme des Ministerpräsidenten von Rheinland-Pfalz (1947)

Es muß [...] unter allen Umständen verhindert werden, daß der Osten noch einmal für die Geschicke Deutschlands ausschlaggebend oder gar allein bestimmend wird, wenn die Möglichkeit des Zusammenschlusses der deutschen Länder einmal wieder gegeben ist. Vielmehr muß das geistige und politische Schwergewicht Deutschlands wieder dahin zurückverlegt werden, von wo die politische und kulturelle Entwicklung Deutschlands ihren Ausgang genommen hat, in die Länder an Rhein, Main und Donau.
Es ist daher zu begrüßen, daß die bizonalen Behörden, die vielleicht den Kern für die Entwicklung eines künftigen deutschen Bundesstaates darstellen, ihren Sitz in Frankfurt am Main genommen haben.

Rheinischer Merkur, 26. Oktober 1947

M 2
Auszug aus den Frankfurter Dokumenten

In Übereinstimmung mit den Beschlüssen ihrer Regierungen autorisieren die Militärgouverneure der amerikanischen, britischen und französischen Besatzungszone in Deutschland die Ministerpräsidenten der Länder ihrer Zonen, eine Verfassunggebende Versammlung einzuberufen, die spätestens am 1. September 1948 zusammentreten sollte [...]
Die Verfassunggebende Versammlung wird eine demokratische Verfassung ausarbeiten, die für die beteiligten Länder eine Regierungsform des föderalistischen Typs schafft, die am besten geeignet ist, die gegenwärtig zerrissene deutsche Einheit schließlich wieder herzustellen und die Rechte der beteiligten Länder schützt, eine angemessene Zentralinstanz schafft und Garantien der individuellen Rechte und Freiheiten enthält.

aus: Dokumentation der Zeit. Hrsg. Deutsches Institut für Zeitgeschichte. Bd. 1, 1949–1950. Berlin 1950, S. 79 ff.

Die Arbeit

M 3

Am ersten September 1948 tagte zum ersten Male der Parlamentarische Rat in Bonn, dem 65 von den Länderparlamenten ausgewählte Abgeordnete sowie fünf Abgeordnete aus Berlin angehörten, die nur eine beratende Stimme hatten. Von diesen Mitgliedern gehörten 27 der CDU/CSU, 27 der SPD, 5 der FDP, 2 der KPD, 2 dem Zentrum und 2 der DP an. Seine Aufgabe bestand darin, die gesetzliche Grundlage für eine Staatsform zu erarbeiten. Zum Präsidenten wählte der Rat den Vorsitzenden der CDU der britischen Zone Konrad Adenauer. (Die Verfasser)

M 4
Stellungnahme der Ministerpräsidenten der Länder der drei Westzonen

Die Ministerpräsidenten sind davon überzeugt, daß die Notstände, unter denen Deutschland heute leidet, nur bezwungen werden können, wenn das deutsche Volk in die Lage versetzt wird, seine Angelegenheiten auf der jeweils möglichen höchsten territorialen Stufe selbst zu verwalten. Sie begrüßen es daher, daß die Besatzungsmächte entschlossen sind, die ihrer Jurisdiktion unterstehenden Gebietsteile Deutschlands zu einem einheitlichen Gebiet zusammenzufassen, dem von der Bevölkerung selbst eine kraftvolle Organisation gegeben werden soll, die es ermöglicht, die Interessen des Ganzen zu wahren, ohne die Rechte der Länder zu gefährden.
Die Ministerpräsidenten glauben jedoch, daß, unbeschadet der Gewährung möglichst vollständiger Autonomie an die Bevölkerung dieses Gebietes, alles vermieden werden müßte, was dem zu schaffenden Gebilde den Charakter eines Staates verleihen würde.

aus: Stammen, T. (Hrsg.): Einigkeit und Recht und Freiheit. Westdeutsche Innenpolitik 1945–1955. München 1965, S. 181 ff.

A 12 Die Weststaatlösung

Das Ergebnis

M 5
Grundgesetz

> Der Parlamentarische Rat hat das vorstehende Grundgesetz für die Bundesrepublik Deutschland in öffentlicher Sitzung am 8. Mai des Jahres Eintausendneunhundertneunundvierzig mit dreiundfünfzig gegen zwölf Stimmen beschlossen. Zu Urkunde dessen haben sämtliche Mitglieder des Parlamentarischen Rates die vorliegende Urschrift des Grundgesetzes eigenhändig unterzeichnet.
>
> BONN AM RHEIN, den 23. Mai des Jahres Eintausendneunhundertneunundvierzig.
>
> *[Unterschrift Konrad Adenauer]*
> PRÄSIDENT DES PARLAMENTARISCHEN RATES
>
> *[Unterschrift Adolph Schönfelder]*
> I. VIZEPRÄSIDENT DES PARLAMENTARISCHEN RATES
>
> *[Unterschrift Hermann Schäfer]*
> II. VIZEPRÄSIDENT DES PARLAMENTARISCHEN RATES

Schaubild des Verfassungsaufbaus:

- Bundesverfassungsgericht — ernennt → Bundesminister/Bundeskanzler (Bundesregierung), Bundespräsident
- Bundespräsident — schlägt Bundesminister vor
- Bundespräsident — schlägt Bundeskanzler vor → Bundestag
- Bundestag — wählt → Bundeskanzler
- Bundesrat — beschließen (mit Bundestag) → Gesetze
- Länderregierungen — entsenden Vertreter → Bundesrat
- Länderparlamente — bilden → Länderregierungen
- DAS VOLK — wählt → Länderparlamente, Bundestag

Das Urteil

M 6
Reaktionen aus der SBZ

NEUES DEUTSCHLAND
ZENTRALORGAN DER SOZIALISTISCHEN EINHEITSPARTEI DEUTSCHLANDS

Neues Deutschland, 7. September 1949

Tag nationaler Schande
Eine Stellungnahme des Politbüros der Sozialistischen Einheitspartei Deutschlands zum heutigen Zusammentritt des westdeutschen Spalterparlaments in Bonn
Berlin (Eig. Ber.). „Der sogenannte Bundestag, der am 7. September 1949 in Bonn zusammentritt, ist ein Spalterparlament, das gegen die Interessen des deutschen Volkes gerichtet ist und eine Gefahr für die deutsche Nation darstellt, [....]"

Neues Deutschland, 14. September 1949

McCloy bildet seine Westregierung
Adenauer und Schumacher zur Instruktion über Regierungsbildung empfangen

Neues Deutschland, 16. September 1949

Alle Welt durchschaut Bonn
Adenauers Wahl gab der „demokratischen" Fassade den Rest – Selbst im Spalterparlament nur eine Stimme Mehrheit

Aufgaben:

Zum Auftrag
1. Stelle in einer Liste zusammen, welche Bedingungen die Westalliierten an die Verfassung der Bundesrepublik Deutschland stellen und was diese Bedingungen bedeuten.

Zur Arbeit
2. Erläutere, inwieweit der Parlamentarische Rat demokratisch legitimiert ist, die Verfassung letztlich vom Volk ausgearbeitet worden ist.
3. Beurteile, inwieweit das *Vereinigte Wirtschaftsgebiet* als Vorform der Bundesrepublik Deutschland gelten kann (M 4).

Zum Ergebnis
4. Überprüfe, inwieweit der verfassungsmäßige Aufbau der Bundesrepublik Deutschland den Forderungen der Westalliierten entspricht.
5. Versuche die Propaganda aus der SBZ zu widerlegen.

Gründung der DDR A 13

Die Propaganda

M 1
„Der Bonner Separatistenstaat"

NEUES DEUTSCHLAND
ZENTRALORGAN DER SOZIALISTISCHEN EINHEITSPARTEI DEUTSCHLANDS

„Die Westdeutschen Wahlen"

Auszug aus der Entschließung des Parteivorstandes der SED vom 23. und 24. August 1949 zum Ergebnis der Wahlen in Westdeutschland am 14. August 1949:
Das Ergebnis der Wahlen in Westdeutschland am 14. August 1949 stellt eine folgenschwere politische Fehlentscheidung dar. Das Wahlergebnis kann in keinem Falle als freie demokratische Willensäußerung der deutschen Bevölkerung angesehen werden. Es ist die Folge eines mit allen Mitteln der ideologischen Verhetzung, des Massenbetruges, der politischen Unterdrückung, des wirtschaftlichen Druckes und des physischen Terrors geführten Kampfes gegen die Vertreter der wahren Interessen des deutschen Volkes. [...]

Im Bonner Separatstaat sind dieselben reaktionären, imperialistischen Kräfte, die Monopolkapitalisten und Junker, an die Macht gelangt, die 1933 Hitler zur Macht gebracht haben. Dies sind die Kräfte des nationalen Verrats, die heute im Auftrage des amerikanischen Imperialismus herrschen und gleichzeitig versuchen, die Macht des deutschen Imperialismus wiederherzustellen. Gleichzeitig haben die föderalistischen Kräfte an Einfluß gewonnen, die durch separatistische Aufsplitterung den nationalen Widerstand schwächen und damit die unter der Devise „Teile und herrsche" durchgeführte Politik der amerikanischen Kolonialherrschaft erleichtern. [...]

Neues Deutschland vom 24. 8. 1949

M 2

NEUES DEUTSCHLAND
ZENTRALORGAN DER SOZIALISTISCHEN EINHEITSPARTEI DEUTSCHLANDS

Deutsche Regierung

B e r l i n (Eig. Ber.). „Angesichts der Betrugsmanöver der Bonner Separatisten, die nichts anderes als ein Werkzeug der westlichen Imperialisten sind, wird es immer notwendiger, eine wahrhaft demokratische und unabhängige Regierung zu bilden, die die Interessen des deutschen werktätigen Volkes vertritt", heißt es in einer Entschließung, die 5700 Arbeiter und Angestellte des Benzinwerkes Böhlen bei Leipzig am Montag annahmen.
Die gleichen Forderungen erhob die Belegschaft des Kombinats und der Kraftwerke Espenhain. Eine solche Regierung habe die Aufgabe, die politischen, wirtschaftlichen, kulturellen und nationalen Interessen des deutschen Volkes zu verfechten, von den Besatzungsmächten die Erfüllung der im Potsdamer Abkommen dem deutschen Volk gemachten Versprechungen zu fordern, die Auflösung des von Deutschland losgerissenen Weststaates und seine Wiedereingliederung in Deutschland anzustreben, die Einheit Deutschlands herbeizuführen und den baldigen Friedensvertrag mit nachfolgendem Abzug aller Besatzungstruppen sowie die Einstellung aller Demontagen zu verlangen.

Neues Deutschland vom 4. 10. 1949

Die Staatsgründung

M 3
Proklamation der DDR am 7. Oktober 1949

M 4
Auszug aus der 1. Verfassung der DDR

Präambel

Von dem Willen erfüllt, die Freiheit und die Rechte des Menschen zu verbürgen, das Gemeinschafts- und Wirtschaftsleben in sozialer Gerechtigkeit zu gestalten, dem gesellschaftlichen Fortschritt zu dienen, die Freundschaft mit allen Völkern zu fördern und den Frieden zu sichern, hat sich das deutsche Volk diese Verfassung gegeben.

A. Grundlagen der Staatsgewalt

Artikel 1
Deutschland ist eine unteilbare demokratische Republik; sie baut sich auf den deutschen Ländern auf. Die Republik entscheidet alle Angelegenheiten, die für den Bestand und die Entwicklung des deutschen Volkes in seiner Gesamtheit wesentlich sind; alle übrigen Angelegenheiten werden von den Ländern selbständig entschieden.

Artikel 3
Alle Staatsgewalt geht vom Volke aus [...]

aus: Gesetzblatt der DDR 1949, S. 5 ff.

A 13 Gründung der DDR

M 5
Aus einer Grußbotschaft Stalins

NEUES DEUTSCHLAND
ZENTRALORGAN DER SOZIALISTISCHEN EINHEITSPARTEI DEUTSCHLANDS

Gestatten Sie mir, Sie beide und in Ihrer Person das deutsche Volk anläßlich der Bildung der Deutschen Demokratischen Republik und anläßlich der Wahl des ersteren von Ihnen zum Präsidenten und des letzteren zum Ministerpräsidenten der Deutschen Demokratischen Republik zu beglückwünschen.
Die Bildung der friedliebenden Deutschen Demokratischen Republik ist ein Wendepunkt in der Geschichte Europas. Es unterliegt keinem Zweifel, daß die Existenz eines friedliebenden demokratischen Deutschlands neben dem Bestehen der friedliebenden Sowjetunion die Möglichkeit neuer Kriege in Europa ausschließt.

Der SED-Staat

M 6
Zum 70. Geburtstag Stalins am 14. Dezember 1949

1. Unser Gruß dem Genossen Stalin zum 70. Geburtstag!
2. Es lebe Stalin, der Führer des Weltproletariats!
3. Es lebe Stalin, der beste Freund des deutschen Volkes!
4. Die Deutsche Demokratische Republik dankt Stalin für sein Vertrauen!
5. Das deutsche Volk grüßt Stalin, den bewährten Führer der Weltfriedensbewegung!
6. Lang lebe Stalin, der Baumeister des Sozialismus und Wegbereiter des Kommunismus!
7. Freundschaft mit Stalin bedeutet Freundschaft mit den Völkern der Sowjetunion!
8. Stalin ist unser großer Helfer im Kampf um die Einheit Deutschlands und einen gerechten Frieden!

aus: Dokumente der Sozialistischen Einheitspartei Deutschlands. Bd. 2. Beschlüsse und Erklärungen des Parteivorstandes. April 1948–1951. Berlin 1951, S. 374 f.

M 7

... „getragen" vom Willen des Volkes!
Hannoversche Presse, 8. 10. 1949

Aufgaben:

Zur Propaganda
1. Untersuche die beiden Quellen (M 1 und 2) quellenkritisch, indem Du herausstellst, mit welchen Argumenten eine Staatsgründung von der SED in der SBZ gefordert wird. Erkläre dabei – aufgrund Deines Vorwissens – was unter „demokratisch" verstanden wird.

Zur Staatsgründung
2. Beurteile, ausgehend von der Grußbotschaft Stalins zur Staatsgründung, inwieweit der Wortlaut der Präambel der DDR-Verfassung und die Artikel 1 und 3 dieser Verfassung ganz anders zu deuten sind, als ihr Wortlaut es vermuten läßt. Erläutere, welchen Eindruck das Bild (M 3) dem Betrachter vermitteln möchte.

Zum SED-Staat
3. Die DDR wurde als totalitärer Einparteienstaat der SED bezeichnet. Kannst Du diese Nennung anhand der Materialien stützen?

Der 17. Juni 1953 A 14

Die Situation

M 1
Streikbeginn

Am Montag, dem 15., wurde gearbeitet. Keiner wollte vorläufig an einen neuen Streik glauben. Erst am nächsten Tag erfuhr ich, daß am selben Montag auf Block 40, nur etwa 600 m entfernt, gestreikt worden ist. Etwa um 9.15 Uhr hörte ich meine Kollegen rufen: „Schaut mal auf die Straße!" Draußen kamen die Bauarbeiter von Block 40 und trugen voran ein Transparent, auf welchem stand: „Wir fordern Herabsetzung der Normen." Überall hieß es auf dem Bau: „Kommt, kommt, laßt alles stehen und liegen." Ich habe meine Hexe oben liegenlassen und bin gleich runtergerannt auf die Straße. Mindestens 90 % von unserem Bau marschierten mit. Wir gingen zunächst in einer großen kreisförmigen Bewegung an allen Baustellen vorbei. „Berliner, reiht euch ein, wir wollen keine Sklaven sein!" riefen wir nach allen Seiten.

Am Alexanderplatz stoppte der Verkehrspolizist den ganzen Verkehr, damit unser Zug ungehindert passieren konnte. Vor den HO-Läden riefen wir „HO macht uns KO". In der Wallstraße vor dem FDGB standen ein paar Funktionäre draußen. Sie wollten uns zum Marx-Engels-Platz hindirigieren. (Das war ganz in der Nähe.) Dort sollten wir mit ihnen öffentlich verhandeln. Wir suchen uns die Leute und den Platz selber aus, ihr hattet fünf Jahre Zeit, sagten wir. Die Bauarbeiter von der Staatsoper nahmen wir mit. Vor der Linden-Universität riefen wir: „Studenten reiht euch ein. Unterstützt die Arbeiter." Einige Studenten schauten aus den Fenstern und klatschten.

aus: Spittmann, I. u. K. W. Fricke. Der 17. Juni 1953. Verlag Wissenschaft und Politik. Claus-Peter von Nottbeck. Köln 1982, S. 117/118

M 2
Aufruhr

Am Vormittag des 16. Juni begannen Auseinandersetzungen zwischen Parteifunktionären und Bauarbeitern auf der Stalinallee. Als die Forderung der Arbeiter nach Zurücknahme des Beschlusses über die Normenerhöhung nicht erfüllt wurde, setzten sie sich nach dem Haus der Ministerien in Marsch. Sie beabsichtigten, ihr Anliegen Grotewohl persönlich vorzutragen.

aus: a. a. O., S. 136

M 3
Politbüro der SED nimmt Normerhöhung zurück

Anläßlich von Anfragen der Arbeiter einer Reihe von Betrieben und Baustellen zur Frage der Erhöhung der Arbeitsnormen hält es das Politbüro des ZK der SED für erforderlich, zu erklären:

1. Der Aufbau eines neuen Lebens und die Verbesserung der Lebensbedingungen der Arbeiter sowie der gesamten Bevölkerung sind einzig und allein auf der Grundlage der Erhöhung der Arbeitsproduktivität und der Steigerung der Produktion möglich. Nur die Verwirklichung der alten Losung unserer Partei „Mehr produzieren – besser leben" hat zur Wiederherstellung und zur schnellen Entwicklung der Volkswirtschaft der Deutschen Demokratischen Republik nach dem Kriege geführt. Dieser Weg war und bleibt der einzig richtige Weg.

Deshalb ist das Politbüro der Auffassung, daß die Initiative der fortgeschrittensten Arbeiter, die freiwillig zur Erhöhung der Arbeitsnormen übergegangen sind, ein wichtiger Schritt auf dem Wege zum Aufbau eines neuen Lebens ist, der dem gesamten Volk den Ausweg aus den bestehenden Schwierigkeiten weist.

Das Politbüro ist dabei der Meinung, daß eine der wichtigsten Aufgaben der Betriebsleiter, der Partei- und Gewerkschaftsorganisationen darin besteht, Maßnahmen zur Verbesserung der Arbeitsorganisation und der Produktion zu ergreifen, damit in der nächsten Zeit der Lohn der Arbeiter, die ihre Normen erhöht haben, gesteigert werden kann.

2. Das Politbüro hält es zugleich für völlig falsch, die Erhöhung der Arbeitsnormen in den Betrieben der volkseigenen Industrie um 10 Prozent auf administrativem Wege durchzuführen.

Die Erhöhung der Arbeitsnormen darf und kann nicht mit administrativen Methoden durchgeführt werden, sondern einzig und allein auf der Grundlage der Überzeugung und der Freiwilligkeit.

3. Es wird vorgeschlagen, die von den einzelnen Ministerien angeordnete obligatorische Erhöhung der Arbeitsnormen als unrichtig aufzuheben. Der Beschluß der Regierung vom 28. Mai 1953 ist gemeinsam mit den Gewerkschaften zu überprüfen. Das Politbüro fordert die Arbeiter auf, sich um die Partei und um die Regierung zusammenzuschließen und die feindlichen Provokateure zu entlarven, welche versuchen, Unstimmigkeiten und Verwirrung in die Reihen der Arbeiterklasse hineinzutragen.

Beschluß des Politbüros vom 16. Juni 1953. Aus: Dokumente der SED, Band IV Berlin (Ost) 1954, S. 432 f.

A 14 Der 17. Juni 1953

M 4

Ereignisse am 17. Juni 1953
(berichtet von Fritz Schenk, einem ehemaligen hohen SED-Funktionär)

„[...] Die Demonstranten gingen nicht nach Hause, sondern schritten nur entschlossener ihrem Ziele zu. Ihr Kraftbewußtsein hatte sich erhöht. Der erste große Erfolg der Streikdemonstration war errungen. Der Zug quoll unaufhaltsam weiter [...] bis zu dem Platz vor dem Regierungsgebäude.
Die Arbeiterregierung hatte sich eilfertig vor ihren Arbeitern verriegelt. Eiserne Gitter hinderten den Zugang. In Sprechchören wurden Walter Ulbricht und Otto Grotewohl aufgefordert, zu erscheinen und den Arbeitern Rede und Antwort zu stehen. Doch Balkon und Fenster blieben leer.
Da ich den Zug an der Spitze begleitet hatte, kannten mich die Demonstrationsführer und halfen mir auf ein von ihnen mitgeführtes Fahrrad. Sie hielten mich fest, und ich sprach stehend vom Fahrradsattel. Die Normenerhöhung sei von der Partei mit sofortiger Wirkung zurückgenommen worden, sagte ich. Das sei ein erster großer Erfolg. Nun aber müsse nachgestoßen werden. Das Wichtigste sei jetzt, sofort Arbeiterausschüsse zu wählen, um eine demokratische Grundlage, eine Interessenvertretung in den Betrieben zu sichern. Der neue Kurs müsse zur Wiedervereinigung und zu freien Wahlen führen. Es gab mehr ungläubige als zustimmende Zwischenrufe: „Wer bist du schon?" – „Sagst du die Wahrheit?" – „Ulbricht, Grotewohl soll uns das sagen." [...]
Links staute sich die Menge bis über den Potsdamer Platz hinaus. Rechts konnten wir bis zur Friedrichstraße sehen, bis dorthin stand die Menge aneinandergedrängt. Gegenüber dem Regierungsgebäude, auf der linken Seite der Wilhelmstraße, standen Tausende auf den noch nicht abgeräumten Trümmern. Von dort her wurden immer noch Steine geschleudert. Unmittelbar vor dem Haus hatten Volkspolizisten eine dreifache Kette gebildet, um die drängenden Massen von den Toren zurückzuhalten. Noch konnten sie den etwa 50 mal 50 Meter großen Vorplatz verteidigen. Dahinter stand ein Teil der Regierungsbeamten, die am Morgen zu der Gegendemonstration aufgerufen worden waren; andere waren von den Streikenden nach dem Potsdamer Platz zu abgedrängt worden."

aus: Schenk, F.: Im Vorzimmer der Diktatur – Zwölf Jahre Pankow. Köln 1962; zit. nach: Spittmann, I. u. K. W. Fricke (Hrsg.): 17. Juni 1953. Köln 1982, S. 138–142

Aufgaben: Zur Situation
1. Beschreibe die Entwicklung der Situation in Ost-Berlin vom 15. bis zum 17. Juni 1953!
2. Nenne die Forderungen der Demonstranten. Verdeutliche die Veränderung in ihren Forderungen!

Die Gründe

M 5

Auszüge aus dem Beschluß der 2. Parteikonferenz vom 12. Juli 1952 zum Aufbau des Sozialismus

„... Das Hauptinstrument bei der Schaffung der Grundlagen des Sozialismus ist die Staatsmacht ...

Der Aufbau des Sozialismus erfordert: ... den feindlichen Widerstand zu brechen und die feindlichen Agenten unschädlich zu machen ...

Die Parteikonferenz lenkt die Aufmerksamkeit der Parteimitglieder im Staatsapparat und in der Industrie auf die Notwendigkeit der Rekonstruktion der Hüttenindustrie, des Bergbaus, des Schwermaschinenbaus, und der Rohstoffbasis ...

Eine gewaltige Rolle im Kampf für die Erfüllung und Übererfüllung des Fünfjahresplanes müssen die Maßnahmen zur Steigerung der Arbeitsproduktivität ... sein.

Den Landarbeitern und werktätigen Bauern, die sich auf völlig freiwilliger Grundlage zu Produktionsgenossenschaften zusammenschließen, ist die notwendige Hilfe zu gewähren ...

Der Aufbau des Sozialismus ... ist ein Schlag gegen die reaktionären Machthaber in Westdeutschland..."

Zit. nach: Geschichte der deutschen Arbeiterbewegung. Hrsg. v.: Institut für Marxismus-Leninismus beim ZK der SED. Berlin (Ost) 1966, Bd. 7, S. 402 ff.

M 6

Kollektivierung und Bauernflucht

Die forciert vorangetriebene Kollektivierung [...] führte zur Bauernflucht:

1951 flohen   4.000 Bauern
1952 flohen 14.000 Bauern
1953 flohen 37.000 Bauern

Zahlen aus: Weber, H.: Von der SBZ zur DDR. Hannover 1968, S. 74

M 7

Stalinkult und Meinungsfreiheit

„Wegen Verächtlichmachung Stalins verurteilte das Bezirksgericht in Leipzig am 17. April 1953 zwei Arbeiter zu vier beziehungsweise sechs Jahren Zuchthaus, weil sie Genugtuung über seinen Tod und die Hoffnung auf bessere Zustände geäußert hatten."

aus: Spittmann, I. u. K. W. Fricke. 17. Juni 1953. Köln 1982, S. 8

M 8
Löhne und Preise

Stundenlöhne 1952 (netto):

Maurer	1,45 DM
Schlosser	1,55 DM
Arbeiter im Durchschnitt	0,80 DM

Preise für Nahrungsmittel je kg, 1952:

Roggenbrot	0,52 DM
Rindfleisch	3,14 DM
Schweinekotelett	2,86 DM
Butter	4,20 DM
Kaffee	80,00 DM
Zucker	1,20 DM

Zahlenmaterial zusammengestellt anhand des Statistischen Taschenbuches der DDR. Hrsg. v.: Zentralverwaltung für Statistik. Berlin 1967, S. 136f.

M 9
„Freiwillige" Isolierung. Betreten West-Berlins zieht fristlose Entlassung nach sich. Von unserem Berliner Büro.

W.-Berlin, 31. Juli

Die Regierung der Ostzone hat die seit einiger Zeit ausgearbeiteten Teilpläne für eine Isolierung West-Berlins den zuständigen Behörden übermittelt. Zunächst mußten alle Arbeiter und Angestellten der volkseigenen Betriebe einen Revers unterschreiben, auf dem sie sich „freiwillig" verpflichten, ab 1. August die Westsektoren nicht mehr zu betreten. In einer schriftlichen Belehrung wird darauf hingewiesen, daß „Zuwiderhandlungen in jedem Fall die fristlose Entlassung zur Folge haben".

aus: „Die Welt" vom 1. 8. 1952

M 10
Verkehr und Aufenthalt in der DDR

„Neue Zeit" vom 28. Mai 1952

Berlin (ADN). Das Ministerium des Innern der DDR gibt bekannt, daß ab 1. Juni 1952 Verkehr und Aufenthalt deutscher Bürger in der DDR nur gestattet ist, wenn die Betreffenden einen von den Behörden der DDR ausgestellten deutschen Personal-Ausweis besitzen. [...]

Reiseverkehr im Gebiete längs der Demarkationslinie
Berlin. Das Amt für Information der DDR teilt mit: „Die Maßnahmen der Regierung der DDR, die durch die Unterzeichnung des Generalkriegsvertrages durch Adenauer notwendig geworden sind, bringen auch eine Neuregelung des Personenverkehrs mit diesen Gebieten mit sich. Durch die Verordnung der Regierung wurde festgelegt, daß längs der Demarkationslinie eine Sperrzone von ungefähr fünf Kilometer Breite errichtet wird, in die die Einreise aus dem übrigen Gebiet der DDR nur mit einem besonderen Passierschein gestattet ist. Einwohner der DDR, die aus beruflichen oder persönlichen Gründen vorübergehend in die Sperrzone einreisen wollen, müssen bei dem für ihren Wohnort zuständigen Kreisamt der Deutschen Volkspolizei einen Passierschein für die Einreise beantragen. [...]
Um Erschwerungen für die Urlaubsreisenden, vor allen Dingen für die Urlauber des Feriendienstes des FDGB, zu vermeiden, ist veranlaßt worden, daß alle Urlauber, die sich gegenwärtig in Kurorten aufhalten, die in der Sperrzone liegen, ihren Urlaub weiter dort verbringen können. Es muß jedoch nachdrücklich darauf hingewiesen werden, daß auch Urlaubsreisende, die bereits ihre Plätze in den Erholungsstätten solcher Kurorte festgelegt haben, sich unbedingt den notwendigen Passierschein beschaffen müssen, da sie ohne diesen unter keinen Umständen in die Sperrzone einreisen dürfen. [...]

aus: Die Sperrmaßnahmen der DDR vom Mai 1952. Hrsg. v. Bundesministerium für innerdeutsche Beziehungen. Faksimilierter Nachdruck des Weißbuches von 1953. Bonn 1987, S. 80

M 11
Stalinkult

„Danksagung" von J. R. Becher

Gedenke, Deutschland, deines Freunds, des besten.
O danke Stalin, keiner war wie er
So tief verwandt dir. Osten ist und Westen
In ihm vereint. Er überquert das Meer.

Und kein Gebirge setzt ihm eine Schranke,
Kein Feind ist stark genug, zu widerstehn
Dem Mann, der Stalin heißt, denn sein Gedanke
Wird Tat, und Stalins Wille wird geschehn.

aus: Sinn und Form, Heft 4, 1953, hrsg. v. d. Akademie der Künste der DDR, S. 8f.

Aufgaben: Zu den Gründen

3. Ermittle anhand der Materialien M 5–8 die Ursachen der Unruhen. Trage sie in eine Tabelle ein!

Gründe:	Politik	Wirtschaft	Gesellschaft

4. Welche Bedeutung haben die Normenerhöhungen vor dem Hintergrund der von Dir ermittelten Gründe für den Aufstand?

A 14 Der 17. Juni 1953

Die Ausdehnung

M 12
Ausweitung des Aufstandes

M 13

Befehl!
Ueber die Stadt Halle ist der Ausnahmezustand verhängt. Demonstrationen, Versammlungen und Zusammenrottungen jeder Art sind verboten.
Jeder Aufenthalt auf den Straßen ist von 21.00 bis 4 Uhr verboten.
Im Falle von Widerstand wird von der Waffe Gebrauch gemacht!
Halle, den 17. Juni 1953
Chef der Garnison und Militärkommandant der Stadt Halle (Saale)

aus: Weber, H.: Kleine Geschichte der DDR. Köln 1980, S. 70

M 14

Dienstanweisung des Werksleiters der Filmfabrik Agfa Wolfen
Auf Grund des Befehls Nr. 1 und 2 des Militärkommandanten der Stadt Bitterfeld wird folgende Anweisung gegeben:
1. Unser Kreisgebiet befindet sich im *Kriegszustand*. [...]
2. Die Arbeit in dem gesamten Werk ist unverzüglich voll wiederaufzunehmen. [...]
3. Der Juni- und Quartals-Produktionsplan muß erfüllt werden.
[...]
5. Alle demokratischen Fahnen sind sofort aufzuziehen.
6. Für die Durchführung dieser Maßnahmen sind alle Direktoren, Abteilungs- und Betriebsleiter sowie Meister *persönlich* mitverantwortlich. [...]
Wolfen, den 19. Juni 1953   Werksleitung

aus: Spittmann, I. u. K. W. Fricke. 17. Juni 1953. Verlag Wissenschaft und Politik. Claus-Peter von Nottbeck. Köln 1982, S. 188

Aufgaben: Zur Ausdehnung
5. Beschreibe, wie sich der Aufstand von Berlin ausgehend entwickelt, und benenne mit Hilfe von M 12 und eines Atlas weitere Städte, in denen es zu Unruhen kommt!
6. Erkläre, warum es trotz der Rücknahme der Normenerhöhungen nicht zu einer Beruhigung der Bevölkerung gekommen ist!

Die Bewertung

M 15
Beschluß der 15. ZK-Tagung vom 24.–26. Juli 1953

Die Absichten der westdeutschen Monopolkapitalisten und Junker haben am 17. Juni in den volksfeindlichen Forderungen der faschistischen Provokateure auf Sturz der Regierung der DDR und Wiedererrichtung der Macht der Großkapitalisten und Junker ihre Widerspiegelung gefunden.
8. Der faschistische Putschversuch am 17. Juni ist gescheitert. Die Mehrheit der Bevölkerung der DDR, besonders der Arbeiterklasse, hat die Provokateure nicht unterstützt, sondern energisch zurückgewiesen. [...]

aus: Spittmann, I. u. K. W. Fricke. 17. Juni 1953. a. a. O., S. 8

Aufgaben: Zur Bewertung
7. Wie werden die Vorgänge des 17. Juni beurteilt?
   a) durch das ZK der SED und
   b) durch die Karikatur im Hamburger Echo
8. Begründe, welche Beurteilung Du für wirklichkeitsnäher hältst!
9. Welche Auswirkungen hat der Aufstand für die Menschen in der DDR und das Verhältnis zwischen der DDR und der Bundesrepublik Deutschland?

Die Wiederbewaffnung und Westintegration der BRD   A 15

Die Situation

M 1
Stellungnahme Adenauers im Dez. 1949

„Meine Haltung hat sich in nichts geändert. Ich möchte ein für allemal klarstellen, daß ich grundsätzlich gegen eine Wiederbewaffnung der Bundesrepublik und folglich auch gegen die Schaffung einer neuen Wehrmacht bin. Wir Deutschen haben in zwei Weltkriegen bereits so viel Blut vergossen und haben auch zu wenig Menschen, als daß wir uns erlauben könnten, ein solches Projekt durchzuführen. Die Alliierten haben uns entwaffnet, und auf ihnen liegt folglich die gesetzliche und moralische Pflicht, uns zu verteidigen."

aus: Binder, G.: Deutschland seit 1945. Eine dokumentierte gesamtdeutsche Geschichte in der Zeit der Teilung. Stuttgart 1969, S. 295

M 2
Wahlplakat der SPD (1953)

Archiv der sozialen Demokratie der Friedrich-Ebert-Stiftung

M 3
Wahlplakat der CDU (1953)

aus: Bohrmann, H. (Hrsg.): Politische Plakate. Dortmund 1984, S. 465

M 4
Meinungen

Die Frage der Woche

„Eigene deutsche Wehrmacht oder ein deutsches Truppenkontingent in einer westeuropäischen Armee?"

Robert K a b i s c h , Bildhauer, Dortmund, Flurstraße 17 a:

„Was, schon wieder ein Heer? Haben wir nicht alle genug davon? Mit dem Kommiß fängt es an, mit dem Krieg hört es auf. Die sind wohl verrückt! Schon wieder eine Wehrmacht! Ich will Ihnen mal was sagen: Ich habe fünf Söhne im Felde und eine Tochter durch einen Bombenangriff verloren. Verstehen Sie, das ist Krieg."

Werner A x m a n n , Handelsvertreter, Wiescherhöfen b. Hamm, Daberg:

„Nur ein deutsches Truppenkontingent in einer westdeutschen Armee. Ein rein deutscher Barras ließe den alten preußischen Drill wieder hochkommen. Auf jeden Fall brauchen wir irgendeinen Schutz zum Osten hin. Was könnten da ein paar leicht ausgerüstete deutsche Divisionen ausrichten? Gar nichts!"

aus: Zentner, K.: Aufstieg aus dem Nichts. Deutschland von 1945–1953. Eine Soziographie in 2 Bdn. Bd. 1. Köln, Berlin 1954, S. 138

A 15 Die Wiederbewaffnung und Westintegration der BRD

Die Begründung

M 5

Aus einer Rede des Bundeskanzlers Adenauer im Dezember 1949

„Sollten die Alliierten jedoch verlangen, daß wir uns an der Verteidigung Europas beteiligen, so würde ich nicht eine unabhängige, selbständige Wehrmacht befürworten, sondern ein deutsches Kontingent innerhalb einer europäischen Streitmacht."

aus: Binder, G.: Deutschland seit 1945. Eine dokumentierte gesamtdeutsche Geschichte in der Zeit der Teilung. Stuttgart 1969, S. 295

M 6

Adenauer: „Wiedervereinigung durch Stärke."

„Ich glaube, daß wir die Wiedervereinigung Deutschlands nur erreichen werden mit Hilfe der drei Westalliierten, niemals mit Hilfe der Sowjetunion ... Wir werden Berlin und wir werden den deutschen Osten nicht anders wiederbekommen als über ein vereintes Europa ... Nach meiner festen Überzeugung, nach der Überzeugung eines jeden Deutschen, der die Dinge unvoreingenommen betrachtet, gibt es vor dieser konsequent durchgeführten Politik des totalitären Sowjetrußlands nur eine Rettung für uns alle: uns so stark zu machen, daß Sowjetrußland erkennt, ein Angriff darauf ist ein großes Risiko für Sowjetrußland selbst. Das ist das Ziel des ganzen, das ist unsere Absicht, das wollen wir mit der europäischen Verteidigungsmannschaft, das wollen wir mit der Verbindung, mit dem späteren Eintritt in den Atlantikpakt. Wir wollen endlich Ruhe und Frieden haben vor dem Drang und den Angriffen aus dem Osten."

Verhandlungen des Deutschen Bundestages, Bd. 10, S. 8099, 8106 ff.

M 7

Der Koreakrieg

Korea war nach dem Zweiten Weltkrieg ebenso wie Deutschland besetzt und geteilt worden. Nordkorea unterlag sowjetischem, Südkorea amerikanischem Einfluß. Nach Abzug der Besatzungstruppen (1948/49) überfiel im Jahre 1950 das mit der UdSSR befreundete und kommunistisch regierte Nordkorea Südkorea, das freundschaftliche Beziehungen zu den USA hatte. (Die Verfasser)

M 8

Etwas mehr Salz könnte nicht schaden

Stockholm Tidningen (Der Spiegel, 4. 5. 1950)

M 9

Adenauer in der New York Times 1950

Wir müssen die Notwendigkeit der Schaffung einer starken deutschen Verteidigungskraft erkennen. Ich will nicht von einer Armee oder Waffen sprechen, aber diese Streitmacht muß stark genug sein, um jede mögliche, den Vorgängen in Korea ähnelnde Aggression der Sowjetzonenvolkspolizei abzuwehren. So stark, wie diese Volkspolizei ist, müssen auch wir sein ... Offensichtlich müßte diese Verteidigungsstreitkraft von den Vereinigten Staaten bewaffnet werden.

Europa-Archiv 1950, S. 3315 f.

M 10

Aus dem Besatzungsstatut

2. Um sicherzustellen, daß die Grundziele der Besetzung erreicht werden, bleiben auf folgenden Gebieten Befugnisse ausdrücklich vorbehalten, einschließlich des Rechts, Auskünfte und Statistiken, welche die Besatzungsbehörden benötigen, anzufordern und nachzuprüfen:
a) Die Abrüstung und Entmilitarisierung, einschließlich der damit zusammenhängenden Gebiete der wissenschaftlichen Forschung, die Verbote und Beschränkungen der Industrie und die zivile Luftfahrt;
c) auswärtige Angelegenheiten, einschließlich internationaler Abkommen, die von Deutschland oder für Deutschland abgeschlossen werden;

Europa-Archiv, 1949, S. 2074 f.

Die Wiederbewaffnung und Westintegration der BRD A 15

Das Ergebnis

M 11
Wiederbewaffnung im Rahmen der NATO

Am 23. 10. 1954 tritt die Bundesrepublik Deutschland dem westlichen Verteidigungsbündnis – NATO – bei und verpflichtet sich, Truppen aufzustellen und diese der NATO zu unterstellen. (Die Verfasser)

M 12
Auszug aus dem Deutschlandvertrag (Die Pariser Verträge)

(1) Mit dem Inkrafttreten dieses Vertrags werden die Vereinigten Staaten von Amerika, das Vereinigte Königreich von Großbritannien und Nordirland und die Französische Republik (in diesem Vertrag und in den Zusatzverträgen auch als „Drei Mächte" bezeichnet) das Besatzungsregime in der Bundesrepublik beenden, das Besatzungsstatut aufheben und die alliierte Hohe Kommission sowie die Dienststellen der Landeskommissare in der Bundesrepublik auflösen.
(2) Die Bundesrepublik wird demgemäß die volle Macht eines souveränen Staates über ihre inneren und äußeren Angelegenheiten haben.

Bulletin des Presse- und Informationsamtes der Bundesregierung 1954, S. 1783 f.

Die Bewertung

M 13
Der SPD-Abgeordnete Ollenhauer

Brief Ollenhauers vom 23. 1. 1955
Das deutsche Volk steht an einem entscheidenden Punkt in der Geschichte der Nachkriegszeit.
Die Abstimmung der gesetzgebenden Körperschaften der Bundesrepublik über das Pariser Vertragswerk, dessen Kernstück die Aufstellung deutscher Streitkräfte im Rahmen der Westeuropäischen Union und der NATO ist, ist von schicksalsschwerer Bedeutung für die Zukunft des ganzen deutschen Volkes. Die Annahme des Vertragswerkes führt nach unserer Überzeugung zu einer verhängnisvollen Verhärtung der Spaltung Deutschlands.

Zit. nach: Konrad Adenauer, Erinnerungen, Ed. II (1953–1955), Stuttgart 1966, S. 84 ff.

M 14
Der Bundeskanzler Adenauer

Anwortschreiben Adenauers vom 29. 1. 1955
Es ist in dem Pariser Vertragswerk gelungen, die drei Westmächte für eine Form der Wiederherstellung der deutschen Einheit zu gewinnen, die unseren Auffassungen entspricht, nämlich für eine Wiedervereinigung in Frieden und Freiheit. Allerdings ist die Verpflichtung der Westmächte, gemeinsam mit uns die Wiedervereinigung in Frieden und Freiheit herbeizuführen, nicht bedingungslos eingegangen worden; sie ist an die Ratifizierung der Pariser Verträge geknüpft. Es kommt jetzt darauf an, die Sowjetunion zu einer Änderung ihrer bisher völlig negativen Haltung in der deutschen Frage zu bewegen.

ebenda

M 15

aus: Bohrmann, H. (Hrsg.): Politische Plakate. Dortmund 1984, S. 486 f.

A 15 Die Wiederbewaffnung und Westintegration der BRD

Die Folgereaktion

M 16

Auszug aus dem Vertragstext des Warschauer Paktes

Vertrag über Freundschaft, Zusammenarbeit und gegenseitigen Beistand zwischen der Volksrepublik Albanien, der Volksrepublik Bulgarien, der Ungarischen Volksrepublik, der Deutschen Demokratischen Republik, der Volksrepublik Polen, der Rumänischen Volksrepublik, der UdSSR und der Tschechoslowakischen Republik.
[...] Artikel 4
Im Falle eines bewaffneten Überfalles in Europa auf einen oder mehrere Teilnehmerstaaten des Vertrages seitens irgendeines oder einer Gruppe von Staaten wird jeder Teilnehmerstaat des Vertrages in Verwirklichung des Rechts auf individuelle oder kollektive Selbstverteidigung in Übereinstimmung mit Artikel 51 der Satzungen der Organisation der Vereinten Nationen dem Staat oder den Staaten, die einem solchen Überfall ausgesetzt sind, sofortigen Beistand individuell und in Vereinbarung mit den anderen Teilnehmerstaaten des Vertrags mit allen Mitteln, die ihnen erforderlich scheinen, einschließlich der Anwendung von militärischer Gewalt, erweisen.

Zit. nach: Die Organisation des Warschauer Vertrages. Dokumente und Materialien 1955–1980, hrsg. vom Ministerium für Auswärtige Angelegenheiten der DDR. Berlin (Ost) 1980, S. 14 f.

M 17

„Kann dir die Hand nicht geben, derweil ich eben lad..."
aus: Süddeutsche Zeitung v. 5. Mai 1955

Aufgaben:

Zur Situation
1. Beschreibe, wie sich die innenpolitische Situation hinsichtlich der Frage einer Wiederbewaffnung der Bundesrepublik Deutschlands darstellt.

Zur Begründung
2. Welche Gründe führt der damalige Bundeskanzler, Konrad Adenauer, für eine Wiederbewaffnung auf?
3. Inwieweit liefert der Koreakrieg Deiner Meinung nach ein wesentliches Argument für eine Wiederbewaffnung der Bundesrepublik?
4. Was heißt „volle Souveränität", und warum plädiert der Bundeskanzler für einen westdeutschen Wehrbeitrag?

Zum Ergebnis
5. Welche Vorteile erzielt die Bundesrepublik mit der Wiederbewaffnung?
6. Suche Argumente dafür, daß die Wiederbewaffnung nur im Rahmen eines kollektiven Sicherheitssystems (NATO) möglich gewesen ist.

Zur Bewertung
7. Nimm Stellung zu den Ausführungen Ollenhauers und Adenauers und vergleiche Deine Ergebnisse mit der Aussage der Plakate.

Zur Folgereaktion
8. Suche Argumente dafür, daß die Integration der DDR in ein östliches Bündnissystem die unausweichliche Folge des Beitritts der Bundesrepublik zur NATO sein mußte.
9. Was sagt die Karikatur über die Zukunft der beiden deutschen Teilstaaten aus?

Das Wirtschaftswunder A 16

Wohlstand für alle!

M 1
Das Deutsche „Wunder"

DAS DEUTSCHE »WUNDER«

Nicht wir nennen es so, sondern fremde Reisende, die Westdeutschland seit 1948 besuchen. Sie meinen die Wiedergeburt unserer Wirtschaft: aus Schutt und Trümmern vollzog sie sich in einem besiegten, zweigeteilten Land mit zehn Millionen Flüchtlingen und einer zum großen Teil zerstörten oder demontierten Industrie.

Zum Wohlstand Aller durch geeinte Kraft

Die SOZIALE MARKTWIRTSCHAFT brach 1948 die Diktatur des Bezugsscheines und gab den Auftakt für den Wiederaufbau. Sie lehrt uns: Nicht die Verteilung des Mangels, sondern nur die ständige Steigerung der Produktion vermag die Lebenshaltung des Volkes zu verbessern.

führt die SOZIALE MARKTWIRTSCHAFT

aus: Zentner, K. (Hrsg.): Aufstieg aus dem Nichts. Deutschland von 1945 bis 1953. Eine Soziographie in zwei Bänden. Bd. I. Köln, Berlin 1954, S. 272

M 2
Inserate aus Zeitungen

aus: „Neue Zürcher Zeitung", „Südkurier", „Offenbacher Tageblatt", „Die Welt", „Hamburger Abendblatt", „Frankfurter Allgemeine Zeitung", „Hannoversche Allgemeine" 1949–1953

A 16 Das Wirtschaftswunder

M 3
Vier Jahre danach

Deutschland baut Wolkenkratzer

In Hamburg hat dieser Tage die Revolutionierung des deutschen Wohnungsbaus ihren Anfang genommen. Ende April wurden die beiden Grindel-Hochhäuser, die mit je 43 Meter die höchsten Wohnbauten in Deutschland sind, bezogen. Imposant überragen sie alle anderen Bauten der Hansestadt. Das Einziehen der 470 neuen Wohnungsinhaber kam der Organisation eines Eisenbahnfahrplans gleich. Auf die Minute genau war jedem Mieter Zeit und Stunde vorgeschrieben, in der er seine Möbel und den Hausrat in die neue Wohnung schaffen durfte. Sonst wären nicht nur Aufzüge und Treppenhäuser, sondern auch die Zufahrtsstraßen vom ungeregelten Ansturm verstopft worden. Fast der ganze April nahm diese Aktion in Anspruch. Mit dem Bezug dieser beiden Wolkenkratzer, die auf den Betrachter unzweifelhaft eine faszinierende Wirkung ausüben, ist der Hochhausbau in Deutschland endlich aus dem Stadium der theoretischen Diskussion in das des praktischen Beispiels gelangt.

aus: „Frankenpost" vom 4. V. 1950

M 4
Ein „Aufbau"-Bild

aus: Zentner, K. (Hrsg.): Aufstieg aus dem Nichts. Bd. II, a. a. O., S. 269

M 5
Ein Werbeplakat

Der VW ist in unserm Lande seit Jahren der weitaus meistgekaufte Wagen. In den letzten 41 Monaten stand er im Verkauf Monat für Monat ohne jeden Unterbruch an der Spitze aller Automobilmarken, und besonders gross war der Abstand jeweils im Herbst und Winter, da in dieser Zeit neben den vielen andern VW-Vorzügen noch die einzigartige Wintertauglichkeit ins Gewicht fällt.

Ein Sommermonat war es indessen, in dem der VW alle eigenen bisherigen Rekorde schlug; nachdem schon die ersten fünf Monate des laufenden Jahres eine neuerliche Steigerung der Verkaufszahlen gebracht hatten, wurden im Juni 1018 VW in Verkehr gesetzt! Nie zuvor ist auf dem Schweizer Automobilmarkt von einem einzigen Wagen in einem Monat die Tausendergrenze überschritten worden, und annähernd erreicht wurde sie auch vorher nur vom VW.

So hoch die Zahl der im Juni in Betrieb gesetzten VW auch ist, so kommt sie doch bei weitem nicht an die Zahl der in diesem Monat bestellten Wagen heran. Wie bereits seit Monaten blieben im Juni die Liefermöglichkeiten der Fabrik hinter den Verkaufszahlen zurück, weshalb sich die im VW-Verkauf seit einiger Zeit leider unvermeidlichen Lieferfristen noch etwas verlängert haben.

Wir danken allen VW-Käufern, die sich durch eine Wartezeit von ca. 8 Wochen in ihrer Wahl nicht beirren lassen für ihre Geduld. Sie werden es schon in den kommenden Herbst- und Wintermonaten merken und nach jahrelanger VW-Praxis erst recht mit Überzeugung bestätigen können: das Warten hat sich gelohnt!

Generalvertretung: Amag AG. Schinznach-Bad

Weit über 100 Vertretungen und Servicestellen in der Schweiz

Das Wirtschaftswunder A 16

Die Voraussetzungen

M 6
Die soziale Marktwirtschaft

WOHLSTAND AUS EIGENER KRAFT

Seit fünf Jahren wächst und erstarkt die deutsche Wirtschaft, so rasch, daß die Welt erstaunt. Am eigenen Leib, an Kleid und Nahrung, hat's jeder von uns erfahren. Verantwortlich für die deutsche Wirtschaft steht vor uns Professor Dr. Ludwig Erhard. Er hat für uns Entscheidendes geleistet.

1948 Ein zerstörtes Land, ein durch Hunger geschwächtes Volk, eine zerrüttete Währung. Ehrliche Arbeit hatte ihren Sinn verloren.

Mit schnellem Entschluß zerreißt Ludwig Erhard am Tage der Währungsreform die Karten und Bezugscheine der Zwangswirtschaft.

Seine Ideen feuern die Wirtschaft an: Zeige jeder, was er kann! Sicherheit des Daseins soll jeder aus sich selbst, aus seiner schöpferischen Arbeit gewinnen.
Professor Erhard verkündet: Nur ein freier Wettbewerb steigert die Produktion und die Qualität unserer Erzeugnisse. Nur harte Konkurrenz, nicht Polizei und Schnellgerichte, drücken die Preise und erhöhen die Kaufkraft des Geldes. Wir schaffen Arbeit, nicht durch Inflation, sondern durch Aufbau. Nur wenn soziale Gesinnung und persönliches Leistungsstreben sich vereinigen, können wir dauerndem Wohlstand entgegengehen.

1953 Fünf Jahre harter Arbeit liegen hinter uns, aber sie waren nicht vergeblich.
Das graue Gespenst der Arbeitslosigkeit wurde gebannt. Fast drei Millionen neue Arbeitsplätze wurden geschaffen. Wohnungen für über 5 Millionen Menschen wurden neu erbaut.
Unerbittlich wacht Erhard über den festen Wert des Geldes. Die D-Mark ist heute so kerngesund wie der Dollar und der Schweizer Franken. Der deutsche Export, ohne den wir hungern müßten, ist in vier Jahren um das Siebenfache gestiegen. Wir verfügen über 6 Milliarden D-Mark an Gold und Devisen.
In Deutschland ist der Mensch nicht verstaatlicht, sondern Staat und Wirtschaft sind dem Menschen dienstbar gemacht worden!
Das ist der »betrügerische Bankrott«, der Ludwig Erhard von seinen Gegnern vorausgesagt wurde. Aber er weiß, daß er längst die überwältigende Mehrheit des Volkes hinter sich hat.

ERHARDS SOZIALER MARKTWIRTSCHAFT

Propagandaplakat der CDU. Zit. nach: Zentner, K. (Hrsg.): Aufstieg aus dem Nichts. Bd. II, a. a. O., S. 140

M 7
Koreakonjunktur

Vom Export leben wieder Millionen

Ausfuhrvolumen Großbritanniens und Westdeutschlands

Jahr	Großbritannien	Westdeutschland
1949	109	188
1950	128	435
1951	131	622
1952	120	670

Quelle: Bulletin statistiques de l'OEEC. Serie I, 1937 bis 1951, S. 20.

In den Jahren seit 1948 hat sich der Export der Bundesrepublik vervielfacht. Dieses ungewöhnliche Ergebnis ist den anderen Ländern versagt geblieben. Das Nachlassen der Koreakonjunktur in den Jahren 1951 und 1952 hat den internationalen Handel im allgemeinen recht beachtlich gehemmt. Der Export der meisten Industrieländer ging im zweiten Halbjahr 1952 zurück, auch der britische und der französische, weit mehr allerdings der belgische (um 16 v. H.) und der schwedische (sogar um 26 v. H. gegenüber dem zweiten Halbjahr 1951). Der deutsche Export dagegen hat insgesamt bis zum Jahresende keine Einbuße gezeigt. Allerdings ist er längst nicht mehr in dem bisherigen Tempo gestiegen.

aus: Fünf Jahre Deutsche Mark. Verlag Duncker & Humblodt, München 1953, S. 80 f.

A 16 Das Wirtschaftswunder

M 8
Zwei Jahre Marshallplan

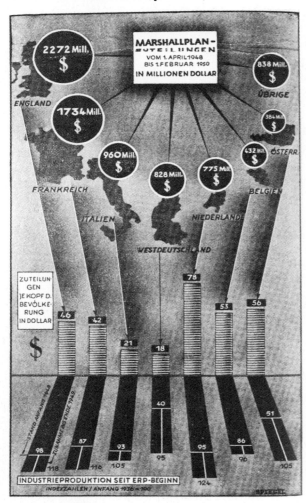

aus: Der Spiegel, 1950

Die Folgen

M 9

Insel der Seligen...

...oder rette sich, wer kann!

aus: Aachener Nachrichten, 9. 12. 1949

Aufgaben:

Zu „Wohlstand für alle!"
1. Beschreibe anhand der Materialien M 1–5 die wirtschaftliche Situation der Bundesrepublik Deutschland in den Jahren 1952/53. Liste dabei die Wirtschaftszweige auf, in denen sich der Aufschwung vollzieht.
2. Vergleiche die wirtschaftliche Entwicklung in den Jahren 1952/53 mit der der Jahre vor der Währungsreform.
3. Erkläre, warum der Aufschwung „Wohlstand für alle!" bedeuten könnte.

Zu den Voraussetzungen
4. Stelle anhand des Propagandaplakates der CDU (M 6) die Gründe zusammen, die den „Wohlstand aus eigener Kraft" sichern und begründen.

5. Vergleiche die Aussagen des Propagandaplakates (M 6) mit den Aufschwungsgründen, die Du aus den Materialien M 7 und M 8 erfährst.
6. Unterziehe die Begriffe „Wirtschafts*wunder*" und „*Aufschwung aus eigener Kraft*" einer kritischen Betrachtung.

Zu den Folgen
7. Welche Folgen hat nach Aussage der Karikatur der wirtschaftliche Aufschwung in der Bundesrepublik Deutschland?

Die beiden deutschen Staaten in ihren Blöcken A 17

Die Situation

M 1
Zwei Welten

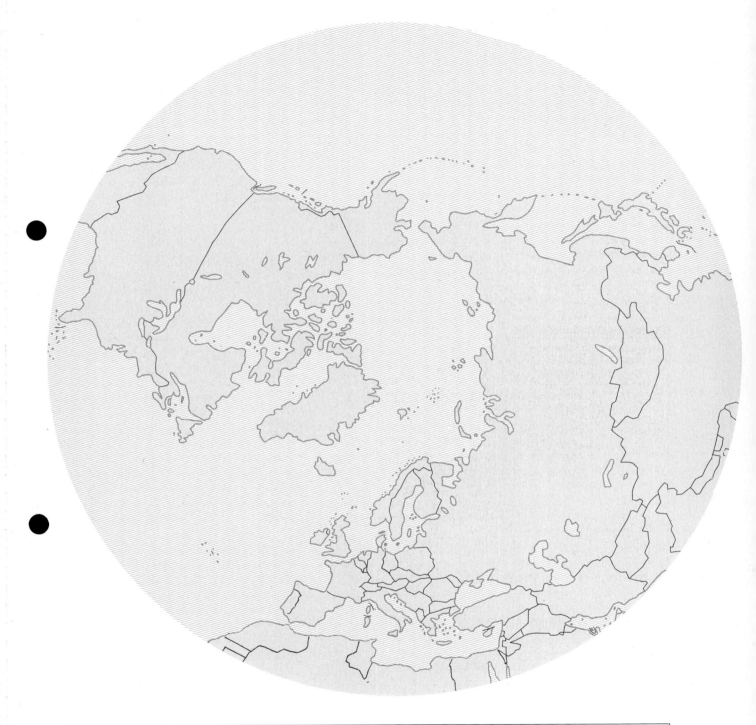

NATO-Mitgliedsstaaten	Warschauer-Pakt-Staaten
USA, Kanada, Großbritannien, Frankreich, Italien, Belgien, Niederlande, Luxemburg, Dänemark, Norwegen, Island, Portugal, Griechenland, Türkei und die **Bundesrepublik Deutschand**	UdSSR, Ungarn, Rumänien, Bulgarien, Polen, Tschechoslowakei und die DDR

A 17 Die beiden deutschen Staaten in ihren Blöcken

M 2
Zwei Eide

Feierliches Gelöbnis der Bundeswehr:

„Ich gelobe, der Bundesrepublik Deutschland treu zu dienen und das Recht und die Freiheit des deutschen Volkes tapfer zu verteidigen."

Fahneneid der NVA:

„Ich schwöre: Der Deutschen Demokratischen Republik, meinem Vaterland, treu zu dienen und sie auf Befehl der Arbeiter- und Bauernregierung gegen jeden Feind zu schützen.

Ich schwöre: An der Seite der Sowjetarmee und der Armeen der mit uns verbündeten sozialistischen Länder als Soldat der Nationalen Volksarmee jederzeit bereit zu sein, den Sozialismus gegen alle Feinde zu verteidigen und mein Leben zur Erringung des Sieges einzusetzen.

Ich schwöre: Ein ehrlicher, tapferer, disziplinierter und wachsamer Soldat zu sein, den militärischen Vorgesetzten unbedingten Gehorsam zu leisten, die Befehle mit Entschlossenheit zu erfüllen und die militärischen und staatlichen Geheimnisse immer streng zu wahren [...]

M 3
Zwei Staaten

Zwei Staaten – eine Nation

Bundesrepublik Deutschland			Gemeinsamkeiten	DDR		
Integration im Westen	Wirtschaftliche Ordnung	Regierungssystem		Regierungssystem	Wirtschaftliche Ordnung	Integration im Osten
NATO	soziale Marktwirtschaft (Basis: Privateigentum)	Parlamentarische Demokratie Rechts-, Bundes- u. Sozialstaat Gewaltenteilung Recht auf Opposition Mehrparteiensystem	Gemeinsame Verantwortung für den Frieden als Grenzstaaten der beiden Blöcke in der Mitte Europas / Zusammengehörigkeit der Deutschen: Verwandtschaft, persönliche Beziehungen, gemeinsame Geschichte, Sprache, Kultur	Sozialistische Demokratie / Volksdemokratie: Diktatur des Proletariats, demokratischer Zentralismus Einparteiensystem	Sozialistische Planwirtschaft (Basis: Sozialistisches Eigentum des Staates, der Genossenschaften)	Warschauer Pakt

Beide Staaten verstehen sich als selbständige Staaten, beide Staaten werden international als selbständige, gleichberechtigte Staaten anerkannt.

aus: Wochenschau, Sek I, Nr. 4. 37. Jg. Juli/Aug. 1986, S. 159

Die beiden deutschen Staaten in ihren Blöcken A 17

M 4

Eine Nation

1945

1955

Hannoversche Allgemeine Zeitung, 7. 5. 1955

Artikel 1 aus der Verfassung der DDR (1968)	Aus der Präambel des Grundgesetzes der Bundesrepublik Deutschland (1949)
Die Deutsche Demokratische Republik ist ein sozialistischer Staat **deutscher Nation**. Sie ist die politische Organisation der Werktätigen in Stadt und Land [...]	[...] hat das deutsche Volk [...] dieses Grundgesetz beschlossen. Es hat auch **für jene Deutschen gehandelt**, denen mitzuwirken versagt war. Das gesamte deutsche Volk bleibt aufgefordert, in freier Selbstbestimmung die Einheit und Freiheit Deutschlands zu vollenden.

Die Folgen

M 5

Erziehung zum Haß in der DDR

„Durch die emotional betonte Darstellung der Methoden des Imperialismus werden tiefe Gefühle des Hasses, des Abscheus und der Verachtung gegenüber diesem System und seinen Vertretern geweckt. Demgegenüber sollen die Schüler den Stolz auf unsere Überlegenheit empfinden lernen. Aus beiden, dem Haß gegenüber dem Imperialismus und dem Stolz auf unsere Errungenschaften unserer sozialistischen Gesellschaft, entwickeln sich echte Motive für Verteidigung unseres sozialistischen Vaterlandes und der sozialistischen Gemeinschaft."

aus: Methodik des Geschichtsunterrichts. Verlag Volk und Wissen, Berlin (Ost) 1975, S. 28

M 6

Die deutsche Staatsangehörigkeit (Artikel 116, Abs. 1 und 2 GG)

Artikel 116
(1) Deutscher im Sinne dieses Grundgesetzes ist vorbehaltlich anderweitiger gesetzlicher Regelung, wer die deutsche Staatsangehörigkeit besitzt oder als Flüchtling oder Vertriebener deutscher Volkszugehörigkeit oder als dessen Ehegatte oder Abkömmling in dem Gebiete des Deutschen Reiches nach dem Stande vom 31. Dezember 1937 Aufnahme gefunden hat.
(2) Frühere deutsche Staatsangehörige, denen zwischen dem 30. Januar 1933 und dem 8. Mai 1945 die Staatsangehörigkeit aus politischen, rassischen oder religiösen Gründen entzogen worden ist, und ihre Abkömmlinge sind auf Antrag wieder einzubürgern. Sie gelten als nicht ausgebürgert, sofern sie nach dem 8. Mai 1945 ihren Wohnsitz in Deutschland genommen haben und nicht einen entgegengesetzten Willen zum Ausdruck gebracht haben.

A 17 Die beiden deutschen Staaten in ihren Blöcken

M 7

Der Sperrgürtel der DDR

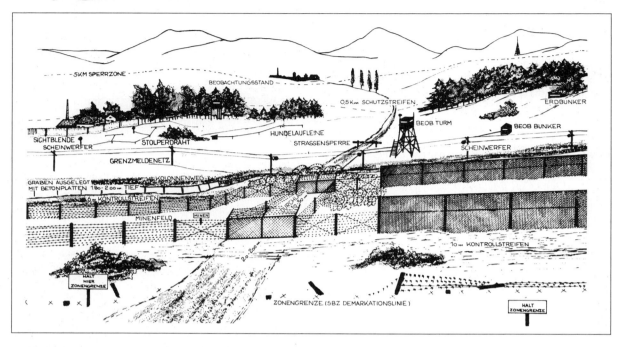

aus: Brönstrup, R.: Stacheldraht. Leer 1966, S. 155. (= Schriften zur deutschen Frage, Nr. 15)

Aufgaben:

Zur Situation

1. Kennzeichne mit zwei unterschiedlichen Farben die Mitgliedstaaten der NATO und des Warschauer Paktes auf der Karte.
2. Beschreibe das Verhältnis der beiden deutschen Staaten am Ende der 50er Jahre, indem Du nun die Materialien M 2 und M 3 im Zusammenhang mit der Karte auswertest.
3. Beurteile den Aussagewert der Karikatur hinsichtlich des Nationenbegriffes im Zusammenhang mit Art. 1 der Verfassung der DDR und dem Auszug aus der Präambel des Grundgesetzes der Bundesrepublik Deutschland.

Zu den Folgen

4. Erläutere die Folgen, die sich für die beiden deutschen Staaten über ihre Integration in zwei sich feindlich gegenüberstehende Blöcke ergeben haben.
5. Wie definiert das Grundgesetz die deutsche Staatsangehörigkeit, und welche Folgen hat diese Definition für die Bürger der DDR und für das Verhältnis der beiden deutschen Staaten zueinander? (Greife bei der Beurteilung noch einmal auf die Materialien M 5 und M 6 zurück.)

Der Bau der Berliner Mauer A 18

Die „Gründe"

M 1
Der Flüchtlingsstrom

Der größte Teil der Flüchtlinge aus der SBZ/DDR gelangte über Berlin, wo es bis zum 13. August 1961 keine DDR-Sperrmaßnahmen gab, in die Bundesrepublik Deutschland.

Registrierte Flüchtlinge aus der Sowjetischen Besatzungszone bzw. Antragsteller im Notaufnahmeverfahren

1949 (ab September)	129 245
1950	197 788
1951	165 648
1952	182 393
1953	331 390
1954	184 198
1955	252 870
1956	279 189
1957	261 622
1958	204 092
1959	143 917
1960	199 188
1961 (1.1.–15. 8.)	159 730
	2 691 270

Flüchtlings-Strömung höhlt den Stein
aus: Hannoversche Presse, 20. 7. 1961

M 2

Viele Ostberliner, sogenannte Grenzgänger, arbeiteten in Westberlin, verdienten Westmark, die sie zu einem Umtauschkurs 1:4 in Ostmark umtauschten, und konnten so im Ostsektor der Stadt billig leben. Aber auch Bürger der DDR, die in der Nähe Berlins wohnten, wußten diesen Vorteil zu schätzen.

(Die Verfasser)

Etwa 60 % der Arbeiter unter den Grenzgängern sind Facharbeiter, rund 80 % der Angestellten-Grenzgänger üben qualifizierte Tätigkeiten aus, vor allem in technischen Berufen. Vermutlich wird es für Pankow leichter sein, den direkten Weg aus den Berliner Randgebieten nach West-Berlin zu sperren, als die Sektorengrenze, so daß zunächst vor allem Bewohner der Sowjetzone betroffen sein dürften, deren Anteil an den Grenzgängern weit unter 50 % liegt. Daß gerade diese Arbeitskräfte nach West-Berlin legal übersiedeln, kann man sich nur schwer vorstellen. Von den 1960 nach West-Berlin gezogenen 2400 Grenzgängern kamen die meisten aus Ost-Berlin. Die Personalchefs der West-Berliner Firmen sind insofern in einer schwierigen Situation, als sie einerseits damit rechnen müssen, in absehbarer Zeit wertvolle Arbeitskräfte zu verlieren, andererseits – entgegen den „Abwerbungs"-Behauptungen – niemanden zu unüberlegten Handlungen überreden wollen. Während die größeren Betriebe bessere Möglichkeiten zum Ausgleich haben, könnten bei einigen kleinen Firmen vorübergehende Schwierigkeiten auftreten, denn der Berliner Arbeitsmarkt hat kaum noch Reserven.

aus: Tagesspiegel, Berlin (West), 3. August 1961

A 18 Der Bau der Berliner Mauer

M 3
Bekanntmachung des Magistrates von Groß-Berlin

Paragraph 1

1. Personen mit Wohnsitz in der Hauptstadt der DDR (demokratisches Berlin), die in Westberlin arbeiten, haben ihre
a) Mieten aller Art,
b) Pachten für Grundstücke,
c) Abgaben für Strom, Gas, Wasser sowie
d) öffentliche Gebühren (wie Telefon, Rundfunk, Fernsehen, Müllabfuhr, Straßenreinigung, Entwässerungsgebühren, Kfz-Steuern, Hundesteuern, Wasserstraßenabgabe, Pflichtversicherung und Verwaltungsgebühren aller Art)
in DM DBB (Westmark) zu entrichten.

2. Diese Verpflichtung zu a), b) und c) besteht auch dann, wenn eine Wohngemeinschaft mit einem Familienmitglied besteht, das zu den in 1 genannten Personen gehört.

Paragraph 2

Die Einzahlung der Westmarkbeträge hat über die Kreditinstitute der DDR einschließlich der Deutschen Post zugunsten des Zahlungsempfängers zu erfolgen.

Paragraph 3

Wer gegen die Vorschriften der Paragraphen 1 und 2 verstößt, wird nach Paragraph 9 der Wirtschaftsstrafverordnung vom 2. August 1950 in der Fassung der Änderungsverordnung vom 14. Dezember 1953 (VOBl. I, S. 419) bestraft, sofern nicht nach anderen Bestimmungen eine höhere Strafe verwirkt ist.

Paragraph 4

Diese Anordnung tritt ab 1. August 1961 in Kraft.

aus: Dokumente zur Deutschlandpolitik. Hrsg. v.: Bundesministerium f. gesamtdt. Fragen. Bd. IV/7, Frankfurt 1961, S. 1529

Aufgaben: Zu den „Gründen"
1. Nenne die Gründe, die die damalige DDR veranlaßte, zwischen dem Ost- und Westteil Berlins eine Mauer zu bauen, indem Du die wirtschaftlichen Einbußen beschreibst, die die DDR durch die offene Grenze erlitt.
2. Überlege, inwieweit die offene Grenze für die Existenz des sozialistischen Systems in der DDR, in der ein geringer Lebensstandard herrschte, eine Gefahr darstellte.

Die Abriegelung

M 4

Extrablatt
BERLINER MORGENPOST

Ost-Berlin ist abgeriegelt

**S- und U-Bahn unterbrochen
An allen Sektorengrenzen
Stacheldraht-Straßensperren
Volksarmee rund um Berlin**

In der letzten Nacht hat Ulbricht die Sowjetzone endgültig zum KZ gemacht. Um 2 Uhr 30 riegelten Volkspolizisten und Volksarmisten, die mit automatischen Waffen ausgerüstet waren, die Grenzen zwischen Ost- und Westberlin ab.

Berliner Morgenpost v. 13. 8. 1961

M 5
Flugblatt der SED-Bezirksleitung Suhl zum Mauerbau

Das Maß ist voll!

Unsere Geduld ist zu Ende!

Der Staat der Arbeiter und Bauern, unsere Deutsche Demokratische Republik, schützt vom heutigen Tage an wirksam seine Grenzen gegen den Kriegsherd Westberlin und gegen den Bonner Atomkriegsstaat.

Arbeiter und Genossenschaftsbauern, Angehörige der Intelligenz, Handwerker und Bürger des Mittelstandes, Werktätige in Stadt und Land des Bezirkes Suhl!

Stellt Euch geschlossen hinter die Schutzmaßnahmen unseres Arbeiter-und-Bauern-Staates!

Nehmt von allen Reisen nach Berlin, die nicht der unmittelbaren Arbeit dienen, Abstand!

Bekundet jetzt noch entschlossener Eure Treue zur Arbeiter-und-Bauern-Macht!

Fundstelle: Gesamtdeutsches Institut. Bonn

Der Bau der Berliner Mauer A 18

M 6
Ecke Linden- und Zimmerstraße am 16. August

aus: Die Flucht aus der Sowjetzone und die Sperrmaßnahmen des kommunistischen Regimes vom 13. August 1961. Hrsg. v.: Bundesministerium für Gesamtdeutsche Fragen. Bonn, Berlin 1961, S. 157

Aufgaben: <u>Zur Abriegelung</u>
3. Beschreibe anhand der Materialien M 4–6, was sich in Berlin am 13. August 1961 abspielte.
4. Versuche, Dich in die Situation eines Berliners/einer Berlinerin hineinzuversetzen, indem Du das Photo (M 6) betrachtest.
5. Setze Dich vor dem Hintergrund dieser Situation mit dem Propagandaaufruf (M 5) auseinander.

Die Folgen

M 7
Die Mauer durch Berlin

M 8
Aufenthaltsgenehmigung

Schauplatz Berlin im August 1961

Durch die Absperrung der Sektorengrenze am 13. August und durch den wenige Tage später beginnenden Bau der Mauer werden die 2,2 Millionen Bewohner der drei Westsektoren von den 1,1 Millionen Menschen im Ostsektor getrennt. Der Flüchtlingsstrom von Ost nach West ist gestoppt – lange Zeit dürfen nur an sieben scharf kontrollierten Übergängen Westberliner, Westdeutsche und Ausländer zu Kurzbesuchen von Westberlin nach Ostberlin.

aus: Petschull, J.: Die Mauer. Hamburg 1989, Anhang.

A 18 Der Bau der Berliner Mauer

M 9

NEUES DEUTSCHLAND
ZENTRALORGAN DER SOZIALISTISCHEN EINHEITSPARTEI DEUTSCHLANDS

Bekanntmachungen des Ministeriums des Innern der DDR

Aufenthaltsgenehmigung für Westberliner

Durchgeführte Prozesse und Feststellungen der Kontrollorgane der Deutschen Demokratischen Republik haben ergeben, daß die bestehende Freizügigkeit zum Betreten der Hauptstadt der Deutschen Demokratischen Republik (das demokratische Berlin) durch Westberliner Bürger vom Westberliner Senat und bestimmten Agenten- und Spionageorganisationen zur Stör- und Wühltätigkeit gegen die Deutsche Demokratische Republik mißbraucht wurde. Diese ungesetzlichen Handlungen dienten u. a. dem Einschmuggeln von Westberliner Personalausweisen zur Fortsetzung des organisierten Menschenhandels und erleichterten Schiebern und Spekulanten das Handwerk.

Der Ministerrat der Deutschen Demokratischen Republik beschloß zur Verhinderung dieser ungesetzlichen Handlungen erforderliche Maßnahmen. In Durchführung des Beschlusses des Ministerrates wird mit Wirkung vom 23. August 1961, 00.01 Uhr folgendes angeordnet:

1. Westberliner Bürgern ist das Betreten der Hauptstadt der Deutschen Demokratischen Republik (das demokratische Berlin) nur mit einer Aufenthaltsgenehmigung gestattet.

   Betreten und Rückkehr haben über den auf der Aufenthaltsgenehmigung festgelegten Kontrollpunkt zu erfolgen.

2. Anträge zum Besuch der Hauptstadt und der Bezirke der Deutschen Demokratischen Republik können unter Angabe der Besuchsgründe in zwei Zweigstellen des Deutschen Reisebüros der Deutschen Demokratischen Republik in Westberlin gestellt werden.

   Nach Bearbeitung und Entscheidung dieser Anträge durch das Präsidium der Volkspolizei werden die Genehmigungen durch die entsprechenden Stellen des Deutschen Reisebüros der Deutschen Demokratischen Republik ausgegeben.

3. Bürger der Hauptstadt der Deutschen Demokratischen Republik (das demokratische Berlin) können einen Antrag für einen Aufenthalt Westberliner Verwandter im demokratischen Berlin unter Angabe der Gründe bei den Volkspolizei-Inspektionen der Stadtbezirke stellen.

   Die Anträge werden vom Präsidium der Volkspolizei Berlin bearbeitet und entschieden. Die Aufenthaltsgenehmigungen werden von den zwei Zweigstellen des Deutschen Reisebüros der Deutschen Demokratischen Republik in Westberlin ausgegeben.

4. Für die Aufenthaltsgenehmigung werden Gebühren erhoben:
   a) zum Besuch der Hauptstadt der Deutschen Demokratischen Republik (das demokratische Berlin) 1.– DM West
   b) zum Besuch der Deutschen Demokratischen Republik außerhalb ihrer Hauptstadt in der bisherigen Höhe.

Berlin, den 22. August 1961

Maron
Minister des Innern

aus: Neues Deutschland vom 23. 8. 1961

M 10

Ulbricht: „Ein Schlag gegen Faschisten und Kriegshetzer ..."

aus: Hannoversche Presse, 25. 8. 1961

Aufgaben: Zu den Folgen

6. Nenne die Folgen, die sich für eine plötzlich gewaltsam geteilte Stadt ergeben, indem Du die Karte der Stadt Berlins betrachtest (M 7).
7. Welche Auswirkungen hat der Mauerbau für die Menschen in Berlin, die sich bis zum Mauerbau tagtäglich besuchen konnten (M 8/M 9)?
8. Suche Argumente, die die Aussage der Karikatur (M 10) stützen.

Kommentar A1 A2

Sachanalyse A1 und 2

Am 9. Mai 1945 um 0.01 Uhr trat der Waffenstillstand in Kraft, der Zweite Weltkrieg war beendet, Deutschland hatte nach sechs Kriegsjahren bedingungslos kapituliert. Die bedingungslose Kapitulation bedeutete aber nicht nur das Ende eines bis dahin unvorstellbaren Vernichtungskrieges, sondern auch das Ende der nationalsozialistischen Diktatur und den völligen Zusammenbruch des deutschen Staates, der mit der totalen militärischen Niederlage aufhörte zu existieren. Deutschland wurde besetzt, die Regierungsgewalt von den Alliierten übernommen.

Damit stellt das Jahr 1945 für die Entwicklung in Deutschland einen tiefen Einschnitt dar, der einen Neubeginn notwendig machte und in sich somit bereits die Möglichkeit und Chance eines völligen Neuanfangs barg. Mit dem problematischen Schlagwort der „Stunde Null" wurde lange Zeit versucht, diese besondere Situation in Deutschland zu umschreiben. Daß dieser Begriff die Situation allerdings nicht treffend charakterisiert, da bei der späteren Entwicklung in vielen Bereichen an alte Strukturen angeknüpft wurde, ist mittlerweile unbestritten.

Um die Entwicklung in Deutschland nach Ende des Krieges angemessen beurteilen zu können, muß diese besondere Situation Deutschlands den Schülern immer wieder gegenwärtig sein, die darin bestand, daß die bedingungslose Kapitulation zu einer totalen Verfügungsgewalt der Alliierten über das besiegte Deutschland führte. Deutschland wurde in der Zeit unmittelbar nach dem Krieg keinerlei Spielraum zu einer eigenen Entwicklung eingeräumt, sondern den Plänen der Siegermächte unterworfen. So verboten die Besatzungsmächte schnell die kurz nach Kriegsende sich bildenden antifaschistischen Ausschüsse, die aus Mitgliedern der SPD, KPD und Gewerkschaften bestanden, da ihnen an eigenständigen politischen Konzeptionen der Deutschen nicht gelegen war. Zudem ging es der Bevölkerung in erster Linie zunächst um die Bewältigung der Not und die Sicherung der materiellen Existenz, die durch Zerstörung von Wohnraum, Industrie und Infrastruktur bedroht war.

Da Not und Elend das Leben der Bevölkerung bestimmten und deren Beseitigung im Mittelpunkt des Alltagslebens stand, sollte diesem Tatbestand zu Beginn der Unterrichtseinheit besondere Aufmerksamkeit gewidmet werden, zumal die Generation heute in einer Wohlstandsgesellschaft lebt, die weder Mangel noch Hunger kennt, sondern in vielen Bereichen durch Überfluß charakterisiert ist. Nur vor dem Hintergrund der Bewältigung dieser Situation können der Wiederaufbau in Deutschland, die politische Entwicklung und die Besatzungspolitik der Alliierten angemessen beurteilt werden, denn Not, Elend und Chaos bewirkten eher Apathie und Gleichgültigkeit als die Entfaltung politischer und wirtschaftlicher Aktivitäten.

Die Situation in Deutschland war im Mai 1945 trostlos. Weltweit hatte der Zweite Weltkrieg 55 Millionen Tote gefordert, davon 7,8 Millionen Deutsche. Es gab kaum eine Familie, die nicht einen Toten zu beklagen hatte. In allen größeren Städten waren durch Bombardierung bis zu 75 % des Wohnraums vernichtet, insgesamt waren durch Kriegseinwirkung 20 % des gesamten Wohnraums zerstört, was etwa 5 Millionen Wohnungen entsprach. Die Zentren der Großstädte waren nahezu völlig zerstört und bildeten Trümmerwüsten. Viele Menschen waren obdachlos. Erschwert wurde die Situation noch durch die Einquartierung der Alliierten, für die Häuser und Wohnungen geräumt werden mußten, und die 13 Millionen Flüchtlinge und Vertriebenen aus den Ostgebieten, für die auch Unterkunft geschaffen werden mußte.

Wirtschaftlich war die Situation zunächst katastrophal. Die Industrie war zu einem großen Teil (insgesamt etwa 33 %) zerstört und die Infrastruktur nahezu zusammengebrochen, so daß die industrielle Produktion wegen fehlender Transportmöglichkeiten – Eisenbahn- und Postverkehr waren eingestellt – zusätzlich gehemmt wurde und 1946 nur noch 20 % der Vorkriegsproduktion betrug. Zudem gab es in vielen Städten kein Wasser, Gas und elektrischen Strom. Damit war schließlich auch die Ernährung – insbesondere der Stadtbevölkerung – stark gefährdet, und die Menschen verbrachten einen großen Teil ihrer Zeit mit Hamsterfahrten, um auf dem Land Lebensmittel einzutauschen. Erschwerend kam hinzu, daß die agrarischen Ostgebiete unter polnische bzw. unter sowjetische Verwaltung kamen und damit praktisch abgeschnitten waren und als Lebensmittellieferant entfielen. Auch die Einteilung in Besatzungszonen behinderte die Lebensmittelverteilung.

Die Verhältnisse in Deutschland können im Jahr 1945 somit als chaotisch angesehen werden, zumal es auch noch keine funktionierende Verwaltung gab, die den Mangel hätte verwalten und sich der Menschen hätte annehmen können.

Die Besatzungsmächte standen 1945 zunächst vor den gleichen Problemen. Die vorrangige Aufgabe war die Sicherstellung der Ernährung und die Beschaffung von Wohnraum, bei gleichzeitiger Verwirklichung ihrer in mehreren Konferenzen erzielten Übereinkünfte hinsichtlich der Behandlung Deutschlands nach der militärischen Niederlage.

In den sogenannten Kriegskonferenzen von Teheran (1943), Jalta (Feb. 1945) und Potsdam (Juli/August 1945) hatten sich die „Großen Drei", Stalin, Roosevelt, bzw. nach dessen Tod Truman, und Churchill, bzw. nach der Wahlniederlage der „Conservatives" Attlee, auf bestimmte Prinzipien hinsichtlich der Besatzungspolitik geeinigt, wobei der Konferenz von Potsdam insofern eine herausragende Bedeutung gegenüber den anderen beiden Konferenzen zukommt, als auf dieser Konferenz endgültig die grundsätzlichen politischen und wirtschaftlichen Vereinbarungen formuliert wurden, für die auf den ersten beiden Konferenzen die Grundlage geschaffen wurde. Stand in Teheran und Jalta der militärische Aspekt noch im Vordergrund, so ging es in Potsdam schließlich im wesentlichen um die Behandlung des nun besiegten Deutschlands. Die dort getroffenen Vereinbarungen, die schlagwortartig auch als die 5 großen „Ds" (Demontage, Demokratisierung, Demilitarisierung, Denazifizierung und Dezentralisierung) bezeichnet werden, sind für Deutschland sicherlich folgenschwer gewesen, insbesondere hinsichtlich der Grenzen, täuschen aber eine grundsätzliche Gemeinsamkeit und Harmonie nur vor. So gab es schon während der Potsdamer Konferenz erhebliche Meinungsverschiedenheiten, die vor allem die Grenze Deutschlands, die Behandlung der deutschen Ostgebiete und die Reparationen betrafen. Daß sich hier im wesentlichen die UdSSR mit ihrer Auffassung durchsetzte, hing nicht zuletzt damit zusammen, daß der Krieg im Pazifik und Asien gegen Japan noch nicht beendet war und die USA die Unterstützung der UdSSR suchten. Wenn auch Einigkeit darin bestand zu verhindern, daß Deutschland jemals wieder den Frieden bedrohen könne und der

A1 Kommentar
A2

Nationalsozialismus beseitigt werden müsse, so zeigte sich in der politischen Umsetzung der Beschlüsse von Potsdam dann aber doch schon schnell, daß die einzelnen Siegermächte trotz der gemeinsam getroffenen Grundsätze unterschiedliche Ziele verfolgten, die Vereinbarungen abweichend interpretierten und daher auch ganz unterschiedliche Besatzungspolitik, auf die später noch detaillierter eingegangen wird, betrieben. Eine besondere Rolle spielte dabei Frankreich, das zwar auch als Siegermacht galt, von der Teilnahme an der Konferenz in Potsdam aber ausgeschlossen war und sich von vornherein nicht an die Beschlüsse gebunden fühlte. Somit konnten die gemeinsamen Beschlüsse, die u. a. vorsahen, Deutschland wirtschaftlich als Einheit zu behandeln und in den Zonen annähernd gleiche Lebensbedingungen herzustellen, nicht verhindern, daß die Besatzungszonen unterschiedlich behandelt wurden und sich schon schnell nach Ende des Krieges wirtschaftlich, politisch und gesellschaftlich eine Auseinanderentwicklung abzeichnete.

Vor den in Potsdam getroffenen Vereinbarungen hatten die drei Westalliierten sich bereits darauf geeinigt, Deutschland und Berlin in drei Besatzungszonen aufzuteilen, deren Grenzen vor Kriegsende festlagen und daher auch nicht mit dem Frontverlauf übereinstimmten. Aus diesem Grunde zogen sich nach der Kapitulation die amerikanischen Truppen auch aus den Gebieten, die der Sowjetunion zugesprochen worden waren, zurück. Frankreich erhielt erst im nachhinein eine Besatzungszone, die aus Teilen der britischen und der amerikanischen Zone gebildet wurde.

Methoden A1

Das Arbeitsblatt gliedert sich in drei Abschnitte: *Situation*, *Gründe* und *Versuche der Überwindung*.

Sicherlich empfiehlt sich ein chronologisches Vorgehen, um den Schülern zunächst ein Bewußtsein hinsichtlich der Not- und Mangelsituation zu vermitteln und um zu gewährleisten, daß sie sich in die Situation des Chaos hineinversetzen können. Erst im dritten Schritt erfolgt dann eine kognitive Durchdringung. Die Schüler erfahren, daß diese Situation kaum überwindbar ist.

Möglich ist es auch, mit dem dritten Schritt oder mit dem zweiten zu beginnen, um von hier aus die Lebenssituation zu antizipieren, um sie dann mit den Materialien zu konkretisieren.

Arbeitsteilige Gruppenarbeit zu den drei Bereichen bietet sich an, wobei in der Sammlungsphase aus dem Mosaik ein Bild entsteht.

Eine Hausarbeit könnte daraus bestehen, aus Geschichtsbüchern weiteres Material zusammenzutragen, das die Situation nach dem Kriege darstellt. Hier könnten die Schüler insbesondere Material suchen, das ihren heutigen Lebensraum betrifft. Eine solche Hausarbeit würde lauten: Suche aus (Geschichts-)Büchern Materialien, die das Leben in Deutschland nach 1945 dokumentieren.

Ziele A1

- Erkennen, daß die Lebenssituation in Deutschland nach dem Kriege in allen Bereichen durch Mangel gekennzeichnet war.
- Erarbeiten, daß die Gründe in schweren Zerstörungen der Städte, der Besatzungspolitik (Reparationen) und der Bevölkerungszunahme durch Umsiedlung aus dem Osten lagen.
- Beurteilen, daß die Maßnahmen zur Überwindung des Mangels allenfalls kurzfristig greifen würden, da keine strukturellen Maßnahmen ergriffen wurden.

Lösungen A1

Aufgabe 1

Die Ergebnisse müssen zeigen, daß in allen Bereichen extremer Mangel herrscht, insbesondere in den Bereichen:
- der Nahrungsversorgung,
- der Wohnraumversorgung und
- der Energieversorgung.

Aufgabe 2

Die Gründe liegen in:
- der schweren Zerstörung der Städte, der Industrie und der Transport- und Verkehrsverbindungen,
- den Reparationen, die aus einem extrem zerstörten Gebiet entnommen wurden,
- der Zunahme der Bevölkerung durch Vertreibung aus dem Osten.

Eine der von den Schülern aufzuzeigenden Wirkungsketten könnte wie folgt entworfen werden:
Städte sind zerstört – Industrie ist zerstört – Verkehrswege sind unterbrochen – es wird wenig produziert – es kann schwer transportiert werden – es kann nicht aufgebaut werden – Städte bleiben zerstört – es drängen Vertriebene in die Städte – Wohnungsnot steigt – etc.

Aufgabe 3

Eigeninitiative: Eigenanbau, Hamsterfahrten und bescheidene Produktion (Material 10, 12, 13 und 14).
Hilfe: Nahrungspakete aus dem Ausland (Material 11).
Politische Maßnahmen: Bewirtschaftung (Material 14).

Aufgabe 4

Die Maßnahmen ändern grundsätzlich nichts an der Situation, sie sind lediglich dazu geeignet, das Überleben notdürftig zu sichern.

Methoden A2

Das Arbeitsblatt 2 ist so angelegt, daß die Schüler in karten- und textintensiver Arbeit die Pläne der Alliierten und die Neugestaltung Deutschlands nach dem Kriege herausarbeiten müssen.

Bewußt ist das Arbeitsblatt auf kognitive Lernziele ausgerichtet, nachdem Grundlagen im emotionalen Bereich über das Arbeitsblatt 1 gelegt worden sind.

Da es um textintensive Arbeit geht, ist Einzelarbeit angebracht, damit sichergestellt ist, daß jeder Schüler sich in der grundlegenden Fähigkeit der Quellenarbeit übt. Dazu ist es nötig, daß der Lehrer auf die Art der Quellen hinweist – das Flugblatt hat im Gegensatz zu den Potsdamer Übereinkünften stark appellativen Charakter und andere Adressaten.

Kommentar A 1 / A 2

Die Stunde ist entsprechend der Gliederung auf dem Arbeitsblatt in zwei Teile zu gliedern, wobei nach dem ersten Teil die Ergebnisse zu sammeln und an der Tafel zu sichern sind.

Ziele A 2

- Erarbeiten, daß durch die bedingungslose Kapitulation Deutschland als Staat zu existieren aufhört und die vier Siegermächte die alleinige Regierungsgewalt bilden, nachdem sie Deutschland und Berlin in vier Besatzungszonen aufgeteilt haben.
- Erarbeiten, daß die Siegermächte Einigkeit demonstrieren, mit dem Ziel, Deutschland gemeinsam zu verwalten, um ein militärisches und politisches Wiedererstarken Deutschlands zu verhindern und eine demokratische Umgestaltung zu ermöglichen.

Lösungen A 2

Aufgaben 1 und 2

Bedingungslose Kapitulation bedeutet, daß sich Deutschland den Forderungen der Siegermächte vollständig zu unterwerfen hat und die Regierungsgewalt an die Alliierten übergeht.

Die Ostgebiete (Ostpreußen, Schlesien und Pommern) werden der Verwaltung Polens und der UdSSR unterstellt. Deutschland wird in vier Besatzungszonen aufgeteilt. Die ehemalige Reichshauptstadt Berlin wird ebenfalls in vier Besatzungssektoren geteilt und von den Alliierten verwaltet.

Aufgaben 3–5

Gemeinsame Kriegsziele der Alliierten liegen vor allem in der Vernichtung des Militärs, der Beseitigung des Nationalsozialismus und der Forderung nach Wiedergutmachung (Reparationen). Diese Ziele werden in Potsdam wieder aufgegriffen und bezüglich des Zieles der Demokratisierung erweitert, so daß man sich auf die fünf großen „Ds" einigte:

- Demilitarisierung
- Denazifizierung
- Demontage (Reparationen)
- Demokratisierung
- Dezentralisierung

Aufgabe 6

Das Bild drückt Harmonie und gemeinsamen Willen aus und paßt augenscheinlich zu den Dokumenten.

Kommentar A 3 / A 6

Sachanalyse A 3–6

Ob es konkrete Pläne der Sowjetunion für die Behandlung ihrer Besatzungszone gab, ist umstritten. So herrscht in der Forschung die Auffassung, daß gegen Ende des Krieges unterschiedliche Vorstellungen in der UdSSR bezüglich der Deutschlandpolitik existierten. Betrachtet man jedoch die Entwicklung in der SBZ bereits unmittelbar nach Ende des Krieges, kann man kaum umhin, der von Milovan Djilas zitierten Äußerung Stalins Glauben zu schenken, daß dieser Krieg nicht ausgehen könne wie jeder andere, sondern daß der Sieger dem Besiegten sein gesellschaftliches System auferlegen werde. So wurde bereits während des Krieges in Moskau eine Gruppe deutscher Kommunisten auf eine Machtübernahme in dem sowjetisch besetzten Teil Deutschlands systematisch vorbereitet. Unter Führung des Kommunisten W. Ulbricht wurde die Gruppe schon vor Kriegsende nach Deutschland gebracht, damit sie ihre Arbeit unverzüglich aufnehmen könne. Bekannt wurde sie dann unter dem Namen „Die Gruppe Ulbricht". Damit hatten die Kommunisten gegenüber allen anderen politischen Gruppierungen einen großen Vorteil, und die Sowjetunion besaß mit ihnen eine Gruppe deutscher Politiker, die als Deutsche im Interesse der UdSSR agierten. Daß es nicht um demokratische Veränderung, sondern um Machtübernahme der Kommunisten ging, macht die Äußerung Ulbrichts: „Es muß demokratisch aussehen, aber wir müssen alles in der Hand haben!" unmißverständlich deutlich. Die Betonung eines eigenen besonderen Weges zum Sozialismus war kein deutscher Sonderfall, sondern auch andere kommunistische Parteien in den durch die Rote Armee von deutscher Besetzung befreiten Ländern Osteuropas gingen in ihren Verlautbarungen zunächst von einem eigenen Weg aus, um der Angst vor einer Sowjetisierung entgegenzuwirken und andere demokratische Parteien, vor allem Sozialdemokraten, zu einer Kooperation zu bewegen. Durch die Gruppe Ulbricht wurden unmittelbar mit Kriegsende die Weichen für eine „antifaschistisch-demokratische Umwälzung" in der SBZ gestellt, an der eben auch deutsche Politiker und nicht nur die Sowjetunion beteiligt waren.

Eingeleitet, bzw. fortgesetzt wurde die Veränderung der politischen und wirtschaftlichen Struktur in der SBZ im Sinne der Sowjetunion durch Befehle der SMAD, die verbindlich waren. Zu diesen Befehlen sind vor allem zu zählen:

1. der Befehl Nr. 2 vom 10. Juni 1945, der die Bildung und Tätigkeit aller antifaschistischen Parteien erlaubte,
2. die Befehle Nr. 124 und 126 vom Oktober 1945, die die Beschlagnahme von Eigentum an Produktionsmitteln ermöglichten und
3. das Gesetz zur Bodenreform, das zur Enteignung von Großgrundbesitzern führte und Voraussetzung für die Neuverteilung des Grund und Bodens in der Landwirtschaft schuf.

A 3 Kommentar
A 6

Mit diesen Bestimmungen wurden die Voraussetzungen für eine grundlegende Strukturveränderung in drei zentralen Bereichen – im politischen System, in Industrie und Landwirtschaft – geschaffen.

Der Befehl bezüglich der Parteiengründungen sah die Erlaubnis ausschließlich solcher Parteien vor, die sich zum Antifaschismus bekannten. Das bedeutete konkret, daß alle Parteien über einen breiten Grundkonsens verfügen mußten, denn nach sowjetischer Lesart lag der Faschismus in dem Privateigentum an Produktionsmitteln begründet. Entsprechend könnte nur eine Beseitigung dieser Wurzel zu einer Demokratisierung führen; alle neu gegründeten politischen Parteien mußten sich somit für die Abschaffung des Privateigentums an Produktionsmitteln einsetzen. Die kommunistische Partei wurde bereits einen Tag nach dem Erlaß des Befehls gegründet, die sozialdemokratische Partei am 15. 6., die CDU am 26. 6., die LDPD am 5. 7. 1945. 1948 wurden noch zwei weitere Parteien, die DBD und die NDPD gegründet. Auch nach westlichen Maßstäben schienen damit auf den ersten Blick demokratische Strukturen etabliert worden zu sein, existierte doch ein Vielparteiensystem. Da die Parteien jedoch über einen sehr breiten Grundkonsens verfügen mußten, handelte es sich aber eher um ein Einparteiensystem im Gewand eines Vielparteiensystems. Pluralismus wurde damit nur vorgetäuscht. Schon im Juni 1945 wurde die „Einheitsfront der antifaschistisch-demokratischen Parteien", die alle in der SBZ zugelassenen Parteien umfaßte, ins Leben gerufen, ein Vorläufer des am 7. Juli 1945 gegründeten antifaschistisch-demokratischen Blocks, der 1948 wiederum in Demokratischer Block umbenannt wurde, in den auch die noch 1948 neu gegründeten Parteien einbezogen wurden. Durch diese Blockbildung wurde auch institutionell sichergestellt, daß die Parteien in der SBZ nicht als politische Gegner untereinander auftraten. Der Demokratische Block diente vor allem dazu, die Vormachtstellung der kommunistischen, später nach dem Zusammenschluß von KPD und SDP der Sozialistischen Einheitspartei Deutschlands (SED), sicherzustellen. Beschlüsse konnten nur einstimmig gefaßt werden, und alle Parteien wurden damit praktisch auf das Programm der SED verpflichtet. Die Vormachtstellung der SED ging schließlich so weit, daß die anderen Parteien die führende Rolle der SED sogar in ihren eigenen Statuten anerkannten und sich ganz explizit der SED unterordneten. Sie würden damit zu Helfern der SED. Die Sowjetunion übte in diesem Zusammenhang massiven Druck aus, indem sie die KPD gegenüber allen anderen Parteien unterstützte und bevorzugte, die Absetzung nicht genehmer Politiker in den Parteiführungen veranlaßte und den 1946 von der SPD nicht mehr gewünschten Zusammenschluß zwischen KPD und SPD mit Zwangsmitteln durchsetzte.

Bereits 1946 war damit das Parteiensystem im Sinne der sowjetischen Besatzungsmacht etabliert.

Die Abschaffung des Großgrundbesitzes und Neuverteilung des Bodens in der SBZ setzte auf der Grundlage des oben erwähnten Gesetzes zur demokratischen Bodenreform bereits vier Monate nach Ende des Krieges ein. Im September begann sie in allen Ländern der SBZ. Zu den entschädigungslos Enteigneten, von denen viele die SBZ verließen und in die Westzonen übersiedelten, gehörten alle Personen, die als Kriegsverbrecher oder aktive Nationalsozialisten angesehen wurden, und Großgrundbesitzer, die über 100 ha Land besaßen. Über 3 Millionen Hektar kamen auf diese Weise in einen Bodenfonds. Verteilt wurden ca. 2,2 Millionen ha an insgesamt 500.000 Umsiedler, Landarbeiter, Kleinpächter, aber auch an Arbeiter und Angestellte, die zuvor nicht in der Landwirtschaft tätig gewesen waren. Der Rest wurde staatlich verwaltet. Die Durchschnittsgröße der neu entstandenen Höfe betrug etwa 8 ha, eine Größe, die eine wirtschaftlich effektive Nutzung kaum zuließ. Daher wird diese Reprivatisierung des Bodens vielerorts als Vorstufe einer 1945 bereits beabsichtigten Kollektivierung in der Landwirtschaft angesehen, zumal durch staatliche Anbaupläne, Saatgutvergabe und Verteilung landwirtschaftlicher Maschinen über die Maschinen-Ausleih-Stationen der Klassenkampf auf dem Lande verstärkt wurde, indem man wirtschaftlich effektiv arbeitende Höfe, deren Größe über den 8 ha lag, benachteiligte. Bereits 1952 beschloß die 2. Parteikonferenz der SED die Vorbereitung des „Aufbaus des Sozialismus auf dem Lande" durch die Bildung landwirtschaftlicher Produktionsgenossenschaften (LPGs). Die Kollektivierung wurde von der SED mit erheblichem Propagandaaufwand betrieben und mit Schikane und Zwang durchgesetzt. Die hohe Zahl der Flüchtlinge aus der DDR findet u. a. auch in der rigiden Kollektivierungsdurchführung ihre Begründung. Abgeschlossen war die Kollektivierung 1960.

Die Sozialisierung in der Industrie begann ebenso wie die Bodenreform auch bereits 1945 mit einer Verordnung der Landesverwaltung zur Enteignung von Industriebetrieben. Kommissionen aus Parteien und Genossenschaften entschieden auf Grundlage der beiden SMAD-Befehle über die Beschlagnahme von Betrieben. Im Gegensatz zur Kollektivierung fand die Verstaatlichung der Industrie größeren Rückhalt in der Bevölkerung, wie der Volksentscheid in Sachsen vom 30. Juni 1946 zeigte: 77,6 % der Wähler stimmten für die Verstaatlichung bei einer Wahlbeteiligung von 93,7 %. Ein Teil der beschlagnahmten Betriebe ging in sowjetische Aktiengesellschaften (SAGs) über und war damit zu sowjetischem Eigentum geworden. Der Rest wurde in volkseigene Betriebe (VEBs) umgewandelt. Die Vergesellschaftung der Betriebe vollzog sich rasant; so war bereits 1947 der Anteil der industriellen Produktion der Privatbetriebe auf etwa 44 % geschrumpft. Insbesondere der Bergbau und die Schwerindustrie waren davon betroffen, so daß die industrielle Produktion weitgehend staatlichem Einfluß unterlag.

Die Phase von 1945 bis zur Staatsgründung 1949 wurde in der Geschichtsschreibung der DDR als antifaschistisch-demokratische Umwälzung bezeichnet, wodurch zum Ausdruck gebracht werden sollte, daß wichtige, das System bestimmende Strukturen von Grund auf verändert wurden und diese Veränderung einen zutiefst demokratischen Charakter in sich trügen. Verständlich wird diese Interpretation der Entwicklung in der SBZ nur vor dem Hintergrund des Verständnisses von Demokratie: Nach sozialistischer bzw. kommunistischer Auffassung kann Demokratie nur dann existieren, wenn der Großgrundbesitz und das private Eigentum an Produktionsmitteln abgeschafft sind und die politische Macht in den Händen der „arbeitenden Bevölkerung" liegt. Erst damit werde dem Faschismus der Boden entzogen. Daß diese Entwicklung oft gegen den Widerstand der Bevölkerung von oben verordnet wurde, spielt bei diesem Verständnis keine Rolle. Damit waren die Weichen für eine Übernahme des sowjetischen Systems schon früh gestellt.

56

Diese rigide „antifaschistisch-demokratische Umwälzung", die sowohl im landwirtschaftlichen als auch im industriellen Bereich zu großen Reibungsverlusten führte und die Produktion erheblich erschwerte, fand zu einer Zeit statt, die bereits, wie oben erwähnt, von Not und Elend gekennzeichnet war. In der sowjetisch besetzten Zone herrschte ein weitaus größerer Mangel als in den Westzonen, da – bezogen auf die Grenzen von 1945 – die SBZ nur über 30 % des Industriepotentials verfügte, während sich in den Westzonen über 70 % befand. Zudem war der Grad der Zerstörung der Industrie in der SBZ wesentlich höher: er betrug etwa 65 %, in den Westzonen aber „nur" 15 %. Schließlich war aufgrund der Rohstoffvorkommen, von denen die SBZ nun sowohl im Osten (Schlesien) als auch im Westen (Ruhrgebiet) abgetrennt war, die Eisen- und Metallindustrie zu über 75 % in den Westzonen angesiedelt, so daß ein wirtschaftlicher Wiederaufbau in der SBZ von vornherein mit größeren Problemen als in den Westzonen verbunden war (s. Graphik, S. 77, *Methoden A 16*).

Diese erschwerten Startbedingungen in der SBZ erfuhren eine weitere Verschärfung durch die sowjetische Reparationspolitik. Auf der Potsdamer Konferenz waren die Alliierten übereingekommen, ihre jeweiligen Reparationsansprüche aus ihren eigenen Zonen zu befriedigen. Die Sowjetunion sollte zudem im Austausch gegen Lebensmittel Reparationen aus den Westzonen erhalten; Entnahmen aus der laufenden Produktion waren nicht vorgesehen, da ansonsten die Versorgung der Bevölkerung in den einzelnen Zonen völlig zusammenbrechen würde. Durch die Umwandlung industrieller Betriebe in sowjetische Aktiengesellschaften (SAGs), die 1947 ungefähr einen Anteil von 20 % an der Produktion hatten, entnahm die UdSSR praktisch doch einen großen Teil aus der laufenden Produktion. Durch Demontagen verlor die SBZ zudem weitere Betriebe – nach Angaben der DDR 676, nach westlichen Berechnungen sogar 1225. Schließlich bedeutete der Abbau des zweiten Gleises auf allen Bahnstrecken der SBZ eine weitere beträchtliche Erschwerung des wirtschaftlichen Aufbaus, zumal an eine Ersetzung – wegen fehlender Rohstoffe – nicht zu denken war.

Diese rigide und menschenverachtende Demontagepraxis der Sowjetunion hatte nicht nur zu einer immensen Verschärfung der Mangelsituation in der SBZ beigetragen, sondern auch dazu geführt, daß die UdSSR als „Befreier" vom Nationalsozialismus nur wenig Sympathie und Rückhalt in der Bevölkerung fand und die antifaschistisch-demokratische Umwälzung nur unter Zwang durchgesetzt werden konnte. Daß die Meinungsfreiheit unterdrückt und ein raffiniertes Überwachungssystem etabliert werden mußte, zeigt nur zu deutlich, daß die Bevölkerung nicht hinter der Politik stand und die „antifaschistisch-demokratische Umwälzung" mit Demokratie im Sinne von mehrheitlicher Zustimmung nichts zu tun hatte. Die Atmosphäre war nicht gekennzeichnet von Freiheit und Mitbestimmung, sondern von Angst und Unterdrückung.

Methoden A 3

Das Arbeitsblatt 3 ist in drei Abschnitte gegliedert: *Die Gruppe Ulbricht, politische Parteien* und *besonderer Demokratiebegriff*. Wenn sich auch die Arbeit mit den Materialien so gestalten wird, daß von Abschnitt zu Abschnitt voranzuschreiten ist, so sind die Arbeitsaufträge und Fragen doch so konzipiert, daß es jeweils zur Rückkoppelung zu dem vorhergehenden Abschnitt kommt, damit die Schüler und Schülerinnen zum Schluß erkennen, daß die KPD nicht nur alle anderen Parteien, sondern auch die SPD in der SED majorisiert und die führende Rolle im antifaschistischen Block, dem sich alle Parteien einzugliedern haben, beansprucht und wahrnimmt.

Der Unterricht wird sich vor allem im Gespräch vollziehen, das jeweils nach der Arbeit an den Materialien der einzelnen Abschnitte im Plenum zu führen ist. Der Lehrer muß bei der Gesprächsführung das oben formulierte Ziel stets vor Augen haben, da den Schülern und Schülerinnen diese Thematik (dieser Demokratiebegriff) vollkommen fremd ist.

Gruppen- oder Partnerarbeit sind nicht angezeigt, denn vom einzelnen wird eine intensive Textarbeit verlangt, die nur in Stillarbeit zu bewerkstelligen ist.

Die Stunde sollte mit einem Tafelbild schließen, das die führende Rolle der SED (KPD) im antifaschistischen Block verdeutlicht.

Ziele A 3

- Erkennen, daß die Gruppe Ulbricht (KPD) im Gefolge und mit Hilfe der Besatzungsmacht arbeitet.
- Erarbeiten, daß die Gruppe Ulbricht undemokratisch arbeitet und daß andere Parteien neben der KPD (SED) in der SBZ keine Chancen hatten, sich eigenständig zu entwickeln.
- Erkennen, daß alle Parteien sich dem antifaschistischen Block anschließen mußten, der unter der Führung der SED stand.
- Erkennen, daß sich in der SBZ keine pluralistische Demokratie entwickeln konnte, da diese nicht im Sinne der Besatzungsmacht gewesen ist.

Lösungen A 3

Aufgaben 1–3

Die Aufgabe der Gruppe Ulbricht ist es, die Vormachtstellung der KPD in der SBZ zu begründen. Die Gruppe Ulbricht arbeitet im Schutze der sowjetischen Besatzungsmacht, mit der sie in die sowjetisch besetzte Zone einrückt. Das Verhältnis der Gruppe Ulbricht zu der Besatzungsmacht ist eng und gut. Die Taktik der Gruppe ist so gestaltet, daß sie sich den Anschein eines demokratischen Vorgehens gibt, dabei jedoch undemokratisch handelt und in die politische Arbeit nur diejenigen miteinbezieht, die der kommunistischen Partei nahestehen.

Aufgabe 4

Aufgrund der massiven Unterstützung, die die KPD – die sich als die antifaschistische Partei versteht – erfährt, muß der SMAD-Befehl dahingehend interpretiert werden, daß die sowjetische Besatzungsmacht nur die Parteien zulassen wird, die die Ideologie der KPD vertreten und stützen.

Aufgabe 5

Die Ziele sind folgende:
- Beseitigung aller Überreste des Hitlerismus, Preußentums und Militarismus,

A 3 / A 6 Kommentar

- Bildung eines demokratischen Systems,
- Führung dieses demokratischen Systems.

Mit der Forderung der Schaffung eines antifaschistischen Blocks will die KPD ihre Vormacht begründen und sichern, denn in und mit diesem Block ist sie in der Lage, andere Parteien zu lenken und diese sich zu unterwerfen.

Aufgabe 6

Die SPD wird in ihrer Öffentlichkeitsarbeit stark behindert, ist angehalten, die Besatzungsmacht und die Errungenschaften des Sowjetkommunismus zu glorifizieren. Die SPD kann sich somit in der SBZ nur schwer entfalten. Die sowjetische Besatzungsmacht übt Zensur aus und unterdrückt die SPD.

Aufgabe 7

Im Antifa-Block nimmt die SED (damit die KPD) die führende Rolle ein. Nur die Parteien, die sich dieser führenden Rolle unterwerfen, dürfen neben der SED existieren.

Aufgabe 8

Das Parteiemblem spiegelt Harmonie und Einigkeit zweier Parteien wider. Diese Widerspiegelung ist jedoch falsch, da die KPD in ihrem Gründungsaufruf ihre Vormachtstellung in einem zu schaffenden antifaschistischen Block bekundet und diese Vormachtstellung bei der Parteienverschmelzung nicht aufgegeben haben wird.

Methoden A 4

Das Arbeitsblatt 4 kann im Unterricht so eingesetzt werden, daß sowohl mit dem ersten Abschnitt, als auch mit dem zweiten begonnen wird. Der Beginn mit dem zweiten Abschnitt „Durchführung" birgt den Reiz in sich, daß den Schülern, die an dieser Stelle schon über die undemokratischen Praktiken der KPD (SED) Kenntnisse haben, die ideologischen Implikationen der „demokratischen" Bodenreform zunächst verborgen bleiben, so daß mit gewisser Naivität den Materialien gegenübergetreten wird. Diese Naivität wird im Verlauf des Unterrichts jedoch in Frage gestellt werden müssen.
Wird der Unterricht mit den Materialien des Abschnittes zwei begonnen, ist es von Reiz, mit dem Abschnitt drei fortzufahren, um dann mit dem Abschnitt eins zu schließen; so kann es zur Entlarvung der als „demokratisch" deklarierten Bodenreform kommen. Da die Materialien auch die Emotionen der Schüler ansprechen, empfiehlt sich Partner- wenn nicht Gruppenarbeit, denn ein Austausch der Schüler untereinander ist – bevor im Plenum gearbeitet wird – dem Unterricht sicherlich förderlich.
Der Tafelanschrieb sollte den Gang des Unterrichts begleiten.

Ziele A 4

- Erkennen, daß mit der Bodenreform der Großgrundbesitz zugunsten von Kleinbauern, Pächtern, Landlosen usw. enteignet wird und daß diese Maßnahme scheinbar nicht unpopulär gewesen ist.
- Erarbeiten, daß die Bodenreform ideologisch begründet ist.
- Beurteilen, inwieweit die Bodenreform eine geschickt angelegte Vorstufe der Kollektivierung gewesen sein kann.

Lösungen A 4

Aufgabe 1

Mit der Bodenreform soll die Herrschaft der Großgrundbesitzer, die für die Entstehung des Faschismus und des Krieges verantwortlich gemacht werden, zerschlagen werden. Nur wenn der Grundbesitz in die Hände der ehemals Abhängigen übergeht – also unter das Volk aufgeteilt wird – ist aus der Sicht der KPD die Garantie dafür gegeben, daß sich Vergangenes nicht wiederholen wird.
Das Wahlplakat suggeriert, daß es, wenn der Privatbesitz in die Hand des Volkes übergeht, zu einer gerechten Verteilung kommen werde, so daß für das Wohl aller gesorgt sein wird. Das Plakat verspricht einen Ausweg aus der desolaten Versorgungssituation in der Nachkriegszeit.

Aufgabe 2

In Plänitz herrscht Freude über die Bodenreform, die von der Bevölkerung einhellig begrüßt und als gerecht und demokratisch empfunden wird. Die Situationsbeschreibung fällt deshalb positiv aus, weil sie aus der Feder der Befürworter der Bodenreform (der KPD) stammt. Die Darstellung hat propagandistischen Charakter.

Aufgabe 3

Die Ziele der Bodenreform scheinen hinsichtlich des Umfangs des zu enteignenden und zu verteilenden Bodens im Jahre 1952 erreicht worden zu sein. Es sind viele kleine Höfe auf der Basis ehemaligen Gutsbesitzes entstanden.

Aufgabe 4

Die negativen Folgen sind vor allem in der Einbuße der Produktivität zu sehen. Darüber hinaus ist die Entscheidungsfreiheit des einzelnen eingeschränkt, denn der Anbau bestimmter Produkte wird den Bauern vorgeschrieben.

Aufgabe 5

Die Diskussion muß zu dem Urteil führen, daß es sich nicht genau feststellen läßt, ob die Bodenreform eine geschickt angelegte Vorstufe der Kollektivierung gewesen ist. Deutlich muß herausgestellt werden, daß die Bauern schon früh unter Zwang in die LPGs gedrängt wurden.

Methoden A 5

Wichtig ist es, daß die Schüler und Schülerinnen zu Beginn des Unterrichtes zunächst die Gelegenheit erhalten, sich frei über ihre Eindrücke, die die beiden Bilder des Arbeitsblattes 5 bei ihnen hinterlassen haben, zu äußern, wobei letztlich die Aufgabe 1 gelöst werden wird. Die erste Phase der Stunde sollte also am besten in einem wenig lehrergelenkten Gespräch ablaufen.
Hiernach empfiehlt es sich, die Aufgaben 2 bis 4 in Partnerarbeit bewältigen zu lassen, da zum einen Textkonzentration erforderlich ist, zum anderen aber die Auswertung

der Statistik in einem Austausch der Schüler und Schülerinnen untereinander geschehen sollte, da die Interpretation von Zahlenmaterial Lernbarrieren aufweisen könnte. Bevor „Propaganda und Gründe" einer kritischen Wertung unterzogen werden, sollten die Ergebnisse aus dem ersten Abschnitt des Arbeitsblattes nicht nur gesammelt, sondern diskutiert werden, denn es müßte so manchen Schüler in Erstaunen versetzen, daß sich mehr als 77 Prozent der Bevölkerung in Sachsen – die Abstimmung war in der Tat demokratisch – für die Verstaatlichung der Industrie ausgesprochen haben.

Die letzte, bewertende Phase des Unterrichts sollte in einem offenen Gespräch gestaltet werden, das über die Arbeitsaufträge lediglich initiiert wird.

Wie schon bei der Konzeption anderer Arbeitsblätter besteht auch bei diesem Arbeitsblatt die Möglichkeit, mit dem zweiten Abschnitt „Propaganda und Gründe" zu beginnen, um von hier aus zunächst Hypothesen bilden zu lassen hinsichtlich dessen, was wohl in der SBZ geschehen sei. Diese Hypothesenbildung dürfte den Schülern und Schülerinnen nicht allzu schwer fallen, da durch die Stunde über die Bodenreform eine Vorstruktur geschaffen worden ist, so daß ein einfacher Transfer genügt. Ein Stundenbeginn mit den Materialien des zweiten Abschnittes birgt den Reiz in sich, daß die Schüler und Schülerinnen durch die Materialien des ersten Abschnittes bezüglich ihrer richtigen Hypothesenbildung im weiteren Verlauf des Unterrichts bestätigt werden.

Ziele A 5

- Erkennen, daß in der SBZ die Industrie verstaatlicht wird.
- Erkennen, daß die Verstaatlichung der sächsischen Industrie auf einen Volksentscheid zurückgeht.
- Erkennen, daß die SAGs sowjetische Staatsbetriebe sind, die einen erheblichen Umfang der Produktion einnehmen.
- Beurteilen, daß die Verstaatlichung der Industrie zu der „demokratischen" Umgestaltung im Sozialismus gehört, die von der SED gefordert wird.

Lösungen A 5

Aufgabe 1

Es ist festzustellen, daß „Volkseigene Betriebe" entstehen, daß sich Brikettfabriken Stalin, damit die UdSSR, „prägend" zum Vorbild nehmen.

Aufgaben 2 und 3

Die Darstellung im „Neuen Deutschland" ist überaus positiv, da es für die SED einen großen Sieg bedeutet, daß sich die Bevölkerung im industriereichsten Land der SBZ für die Verstaatlichung ausgesprochen hat (Vorreiterrolle). Diese Veränderung wird als eine wahre demokratische angesehen, da nur die Abschaffung des Privatbesitzes nach sozialistischer Ideologie Demokratie begründen kann.

Aufgabe 4

Die SAGs haben zum einen die Aufgabe, die UdSSR mit Produkten aus der SBZ zu versorgen, zum anderen haben sie ideologische Funktion: als sowjetische, dem Sowjetstaat gehörende Aktiengesellschaften sollen sie auch Vorreiter für die Entprivatisierung sein. Wesentliche Funktion ist jedoch, daß die UdSSR aus der laufenden Produktion ihrer Zone Waren und Güter entnehmen konnte, ohne daß sie (angeblich) jemanden schädigte, denn diese Betriebe waren SAGs.

Aufgaben 5 und 6

Das Wahlplakat erweckt den Eindruck, daß es allen, sei die Industrie erst einmal verstaatlicht, an nichts mehr fehlen werde, daß die Grundbedürfnisse für alle Zeiten befriedigt werden könnten.

Die ideologische Begründung ist die, daß aus dem Privatbesitz immer Krieg und Unglück resultieren und daß nur, wenn die Produktionsmittel in der Hand des Volkes seien, Demokratie herrsche, weil das Volk dann unabhängig von den Interessen der Monopolisten sei.

Methoden A 6

Mit Hilfe des Arbeitsblattes 6 sollen die Schüler und Schülerinnen erfahren, daß die Besatzungsmacht der UdSSR überaus rigide mit ihrer Zone verfuhr, daß politische Unterdrückung schon kurz nach der Besetzung an der Tagesordnung war, daß aber vor allem die Demontagepraxis der Sowjets der Besatzungszone schweren Schaden zufügte, so daß ein wirtschaftlicher Wiederaufbau auf lange Zeit verhindert wurde. Wichtig dabei ist es, daß der Unterricht so angelegt wird, daß die Absurdität dieser Demontagepraxis herausgestellt wird, die nicht wenig Verantwortung dafür trug, daß die Atmosphäre zwischen der Bevölkerung in der SBZ und den sowjetischen Besatzern mehr oder minder vergiftet wurde.

Der Verlauf des Unterrichts kann dreifach angelegt werden:

Zum einen ist ein Beginn der Stunde mit den Materialien des dritten Abschnittes „Propaganda" möglich und deshalb reizvoll, da die Schüler und Schülerinnen durch die Materialien des Abschnittes zwei und eins – im Verlauf des Unterrichts – in Erstaunen versetzt werden, denn hier erfahren sie, daß die Realität der Propaganda vollkommen entgegensteht. Dieser Weg ist jedoch nur für leistungsstärkere Lerngruppen vorzuschlagen.

Der zweite Weg ist der, mit den Materialien des Abschnittes zwei zu beginnen. Hier könnten die Schüler und Schülerinnen dann zu Vermutungen aufgerufen werden, wie sich denn das Alltagsleben in der SBZ gestaltet haben könnte.

Der dritte Weg folgt der Chronologie. Dieser Weg hat den Vorteil, daß Schüler und Schülerinnen über die Erlebnistexte emotional angesprochen werden, so daß das Nachempfinden der damaligen Situation in der SBZ eine Folie für die spätere Beurteilung schafft – für die Bewertung der Propaganda.

Ziele A 6

- Erkennen, daß die Lebenssituation in der SBZ katastrophal ist.
- Erarbeiten, daß die Praxis der sowjetischen Besatzungsmacht zu unsinnigen Demontagen führt, daß sich die Menschen nicht trauen, ihre Meinung kundzutun.

A 3 Kommentar
A 6

- Erarbeiten, daß die Demontageverluste in vielen Bereichen mehr als ein Drittel der ursprünglichen Produktionskapazität umfaßten.
- Bewerten, daß diese Verluste die wirtschaftliche Entwicklung in der SBZ gravierend beeinflußt haben.
- Nachempfinden, daß das Verhalten der sowjetischen Besatzer die Atmosphäre negativ prägte.
- Bewerten, daß die Propaganda der Realität diametral entgegensteht.

Lösungen A 6

Aufgabe 1

Die Schüler und Schülerinnen beschreiben die Lebenssituation als furchtbar und desolat, indem sie Beispiele aus den Quellen zitieren: Es herrscht Hunger, es gibt keinen Brennstoff, viele Menschen sterben an Unterernährung und Kälte.

Aufgabe 2

Die Unterdrückung ist politischer Art, denn die Meinungsfreiheit ist in der SBZ nicht mehr gewährleistet, da allein das Lesen von unerwünschten Zeitungen zu Repressalien führen kann. Die Ausbeutung zeigt sich in einer widersinnigen Demontagepraxis: Demontiertes verkommt am Wegrand, in der Besatzungszone dringend Gebrauchtes wird abgebaut, ohne daß es genutzt wird.

Aufgabe 3

Die wirtschaftliche Entwicklung in der SBZ kann nicht vonstatten gehen, da Neuinvestitionen durch abermalige Demontage zerstört werden.
Die Atmosphäre ist gespannt und vergiftet, da die Siegermacht keinerlei Rücksicht auf das Wohlergehen der Menschen in ihrer Zone nimmt.

Aufgabe 4

Plakat und Propagandaspruch stehen im extremen Kontrast zur Realität.

A 7 Kommentar

Sachanalyse A 7

Die Ausdehnung des kommunistischen Machtbereiches wurde von der Sowjetunion unmittelbar nach Kriegsende in Angriff genommen. Bis 1947 wurden in den osteuropäischen, von der Roten Armee befreiten Staaten unter massiver Einwirkung durch die Sowjetunion Volksrepubliken gegründet, an deren Spitze jeweils kommunistische Politiker standen, zum anderen wurden die Grenzen in Europa zugunsten der UdSSR verschoben. Die Teilung Deutschlands in Besatzungszonen und den Zonengrenzverlauf hatten die Alliierten bereits lange vor Kriegsende festgelegt. Es gab jedoch keine Übereinkunft hinsichtlich einer Beteiligung Polens an der Verwaltung Deutschlands, so daß die drei Westalliierten mit der Entscheidung Stalins, den Teil östlich der Oder-Neiße unter polnische Verwaltung zu stellen, unvorbereitet konfrontiert wurden. Dennoch stimmten die Westalliierten auf der Potsdamer Konferenz nicht nur diesem fait accompli nachträglich zu, sondern auch der Umsiedlung der Deutschen aus Polen, Ungarn und der Tschechoslowakei, wobei die Vertreibung der Deutschen aus den Ostgebieten des ehemaligen Deutschen Reiches, also aus Schlesien, Pommern, dem östlichen Brandenburg mit der Westmark und Ostpreußen, ohne ernsthaften Widerspruch blieb. Damit wurden in territorialer Hinsicht gleich nach dem Krieg Fakten geschaffen und die Ostgebiete praktisch an Polen und ein kleiner Teil Ostpreußens an die Sowjetunion abgetreten. Der eigentliche Gewinner hierbei war die Sowjetunion, die nicht nur den östlichen Teil Ostpreußens, sondern auch den Ostteil Polens annektierte, den sie schon im HitlerStalinPakt von 1939 für sich reklamiert hatte. Polen wurde somit durch die Ostgebiete Deutschlands, die etwa 25 % des Staatsgebietes Deutschlands in den Grenzen von 1937 umfaßten, quasi entschädigt. Die Westverschiebung Polens bedeutete somit eine erhebliche Ausdehnung des sowjetischen Machtbereichs.

Die endgültige Festlegung der Grenzen sollte einem Friedensvertrag vorbehalten bleiben. Durch die Vertreibung von Millionen von Deutschen aus den Ostgebieten, waren jedoch schnell Fakten geschaffen, die im Grunde nicht revidierbar waren. Durch die Grenzverschiebung der Sowjetunion und Polens zu Lasten Deutschlands wurde nicht nur die Lösung der Deutschen Frage erheblich erschwert, sondern auch das Verhältnis der Bundesrepublik Deutschland zu Polen und eine neue Friedensordnung in Europa schwer belastet.
1950 erkannte die DDR die Oder-Neiße-Linie als Grenze zwischen Polen und der DDR an; 1970 im Zuge der neuen Ostpolitik einigten sich Polen und die Bundesrepublik Deutschland darauf, „daß die bestehenden Grenzen jetzt und in der Zukunft unverletzlich" seien. Dieser Vertrag entspannte das Verhältnis zwischen Polen und der Bundesrepublik und führte zu einer Normalisierung in den Beziehungen zwischen den beiden Staaten. Innenpolitisch wurden die Ostverträge jedoch sehr kontrovers beurteilt, und der Bundesregierung wurde insbesondere von konservativer Seite ein Ausverkauf deutscher Interessen vorgeworfen. Daß die Bundesrepublik gegenüber Polen keine Gebietsansprüche mehr erhebt, wurde schließlich noch einmal in einem Vertrag mit Polen nach der Vereinigung mit der DDR bekräftigt.

Methoden A 7

Die nach diesem Arbeitsblatt 7 zu konzipierende Stunde stellt komplexe Anforderungen an Schüler und Schülerinnen, denn sie sollen nicht nur die Ausweitung des kommunistischen Machtbereichs erkennen, sondern gleichzeitig die Westverschiebung Polens und die damit verbundene Umsiedlung und Vertreibung der Deutschen aus den ehemaligen Ostgebieten erfahren, letzteres auch emotio-

Kommentar A 7

nal nachvollziehen können. Darüber hinaus soll die Stunde zu der Erkenntnis führen, daß es zwischen den Westalliierten und der Sowjetunion bezüglich der Westgrenze Polens, das sich fest im Machtbereich der UdSSR befindet, zu Differenzen kommt, daß die Absprachen von Potsdam verschiedenartig – den Interessen der jeweiligen Siegermacht gemäß – ausgelegt werden. Bezüglich der Westverschiebung Polens, das für den Gebietsverlust im Osten mit ehemaligen deutschen Ostgebieten entschädigt wird, bietet sich ein kurzer Lehrervortrag an, der den Schülern den Inhalt des geheimen Zusatzabkommens des Hitler-Stalin-Paktes erläutert. Vor dem Hintergrund dieses Zusatzabkommens wird die Befürchtung Churchills, daß sich der Machtbereich der UdSSR weiter ausbreiten könnte, besonders gut verständlich.

Diese Komplexität ist nur dann zu bewältigen, wenn die Schüler und Schülerinnen für die Problematik sensibilisiert werden, was über den ersten Abschnitt des Arbeitsblattes bewerkstelligt werden soll. Hier bietet sich anhand des Augenzeugenberichtes und des polnischen Sonderbefehls ein offenes Unterrichtsgespräch an. Im weiteren Verlauf des Unterrichts sollte in einer Stillarbeitsphase an den Textdokumenten gearbeitet werden, um herauszustellen, daß bezüglich der Potsdamer Übereinkünfte nach gut einem Jahr keine Einigkeit mehr herrscht. Die Beurteilung dieser Sachlage – insbesondere die der Haltung der UdSSR – ist im Plenumsgespräch vorzunehmen. In dieser Phase könnte auch schon die Einschätzung Churchills hinzugenommen werden (M 6), um die Machtpolitik der UdSSR deutlicher werden zu lassen. Der Einsatz dieser Quelle ist aber in dem Falle, daß es in der Beurteilungsphase des Abschnittes zwei zu Lernbarrieren kommen sollte, unbedingt erforderlich.

Die dritte Unterrichtsphase ist so angelegt, daß Schüler und Schülerinnen die Ausweitung des kommunistischen Machtbereichs *handelnd* erfahren. Sie müssen Gebiete benennen, zeichnerisch lokalisieren und die Veränderungen auf der Landkarte als solche bewerten, die dem Westen als eine bedrohliche erscheinen, was dann über die Lagebeurteilung Churchills deutlich wird.

Ziele A 7

- Erkennen, daß sich Polen nach Westen verschoben hat.
- Erfahren, daß Deutsche aus dem ehemaligen Ostgebiet umgesiedelt und vertrieben werden.
- Erarbeiten, daß die UdSSR bezüglich der Westgrenze Polens eine andere Auffassung hat, als die Westalliierten sie haben.
- Molotows Auffassung als eine beurteilen, die auf machtpolitischen Überlegungen basiert.
- Die Ausweitung des kommunistischen Machtbereichs auf der Karte zeichnerisch darstellen.
- Die Ausweitung des kommunistischen Machtgebietes als eine solche beurteilen, die dem Westen als bedrohlich erscheint.

Lösungen A 7

Aufgabe 1

Die Vertreibung der Deutschen aus den Ostgebieten ist für die Betroffenen schrecklich, da sie nicht nur alles zurücklassen müssen und so von einem Tag zum anderen arm werden, sondern auch deshalb, weil sie ihre Heimat, in der schon ihre Vorfahren lebten, verlassen sollen und in eine ungewisse Zukunft gehen müssen.
Die Vertreibung – so zeigt der Sonderbefehl – trifft nicht nur einige, sie wird konsequent von den Polen per Befehl angeordnet. Diesem Befehl darf nicht widersprochen werden.

Aufgaben 2 und 3

Die Alliierten treffen in Potsdam die Übereinkunft, daß die Westgrenze Polens, die vorerst an der Oder und westlichen Neiße verläuft, eine provisorische Grenze sein solle. Die endgültige Festlegung dieser Grenze bleibt einem Friedensvertrag vorbehalten.
Aus der Sicht Molotows hätten die Westalliierten die Umsiedlung und Vertreibung vieler Millionen Deutschen aus den ehemaligen Ostgebieten mehr oder minder gebilligt. Aus diesem Grund sei an der vorläufigen Westgrenze Polens auch in Zukunft nichts mehr zu ändern. Molotow sieht in der Handlungsweise der Polen – die er nicht kritisiert – keinen Verstoß gegen die Potsdamer Absprachen.

Aufgaben 4 und 5

Polen hat sich nach Westen verschoben, denn jetzt gehören zu Polen Schlesien, Teile Ostpreußens und Hinterpommern. Im Osten hat Polen Gebiete verloren, die nun zu der UdSSR gehören.
Die UdSSR hat die baltischen Staaten in ihren Besitz genommen, Teile Ostpolens und den nördlichen Teil Ostpreußens unter ihre Verwaltung gestellt.
Es entsteht ein Gürtel von Volksrepubliken: Polen, Ungarn, Bulgarien, Rumänien und die Tschechoslowakei.

Aufgabe 6

Churchill ist deshalb beunruhigt, weil er eine weitere Ausweitung des kommunistischen Machtbereichs befürchtet. Er sieht diesen sich bis zur Elbe (SBZ) erstrecken und fürchtet um Westeuropa. Er hält es für möglich, daß in den anderen Besatzungszonen Deutschlands die Kommunisten versuchen könnten, ihren Einfluß zu verstärken.

A 8 Kommentar
A 9

Sachanalyse A 8–9

Die amerikanische Deutschlandpolitik hat im ersten Jahr nach dem Krieg eine fundamentale Wandlung erfahren. Während zunächst die Vereinigten Staaten davon geleitet waren zu verhindern, daß Deutschland jemals wieder den Weltfrieden bedrohen könne und folglich alles zu unternehmen sei, um ein Wiedererstarken zu verhindern, haben die USA den wirtschaftlichen Wiederaufbau seit 1947 ganz wesentlich beeinflußt und forciert.

1945 Die zurückhaltende Position der USA 1945 wird besonders deutlich in der Anweisung JCS 1067 des US-Generalstabes an die amerikanischen Besatzungstruppen, in der es u. a. heißt, daß das Hauptziel der Alliierten darin bestehe, Deutschland daran zu hindern, daß es je wieder eine Bedrohung für den Weltfrieden werde und keine Schritte zu unternehmen seien, die zur wirtschaftlichen Wiederaufrichtung führen könnten. Selbst „Verbrüderungen" mit Deutschen waren gemäß dieser Anordnung untersagt. Geprägt ist diese Bestimmung noch von der Idee des Morgenthau-Planes (amerikanischer Finanzminister), der vorsah, Deutschland in ein Agrarland zu verwandeln. Wenn dieser Plan so auch nie ernsthaft in Erwägung gezogen wurde, so wirft er doch ein Licht auf grundsätzliche Einstellungen der amerikanischen Administration zur Behandlung Deutschlands nach der Niederlage.

Kennan, Leiter der Planungsabteilung im amerikanischen Außenministerium, war schon im Sommer 1945 der Ansicht, man müsse Deutschland zu einer Unabhängigkeit führen, die so zu gestalten sei, daß der Osten sie nicht gefährden könne. Er hielt eine Zusammenarbeit mit der Sowjetunion, die von den USA zu dem Zeitpunkt noch angestrebt wurde, für ausgeschlossen. Eine damit zwangsläufig verbundene Spaltung (Zerstückelung) Deutschlands müsse man, so Kennan, in Kauf nehmen.

1946 Spätestens 1946 hatte sich diese Ansicht auch in der amerikanischen Administration durchgesetzt. Zum ersten Mal wurde sie von dem amerikanischen Außenminister Byrnes in einer Rede vor deutschen Politikern in Stuttgart formuliert, in der er nicht nur für eine wirtschaftliche Gesundung eintrat, sondern auch eine Vereinigung der britischen und amerikanischen Zone und eine Staatsgründung in Aussicht stellte. Beschlüsse über wirksame Hilfe

1947 erfolgten allerdings erst 1947, nachdem die USA ein neues außenpolitisches Konzept verfolgten. Dieses Konzept – die Truman-Doktrin – sah finanzielle, wirtschaftliche und politische Hilfe für solche Staaten vor, die sich für die Freiheit einsetzten und sich der Unterwerfung durch bewaffnete Minderheiten widersetzten. Ziel dieser Politik war es, stabile Verhältnisse zu schaffen, um dem Kommunismus jeglichen Nährboden zu entziehen und ihn einzudämmen. Konkret umgesetzt wurde diese neue Politik im Marshallplan, einem wirtschaftlichen Hilfsangebot, das an alle europäischen Staaten gerichtet war, aber Bedingungen (z. B. demokratische Verfassungen, individuelle Freiheitsrechte) enthielt, die es den unter sowjetischem Einfluß stehenden Staaten unmöglich machten, sich daran zu beteiligen. Der Marshallplan markiert einen tiefen Einschnitt in der Entwicklung des besetzten Deutschlands. Seine Folgen lagen nicht nur im wirtschaftlichen Bereich, sondern – insbesondere bezüglich der Westzonen – auch im politischen. Die Wiederbelebung eines freien Unternehmertums und die Einführung der freien Marktwirtschaft waren geradezu Voraussetzung, daß die Hilfe ihren Zweck, nämlich die Wirtschaft anzukurbeln, um so stabile Verhältnisse zu schaffen, erfüllte. Er konnte nur funktionieren, wenn entsprechende organisatorische Voraussetzungen geschaffen wurden. So mußte freier Wirtschaftsverkehr zwischen den Zonen hergestellt werden; Zonengrenzen hätten den Plan nicht voll zur Entfaltung kommen lassen. Insofern war es nur konsequent, daß die Westzonen zusammengelegt wurden – zunächst zur Bi-, später unter Einbeziehung der französischen Zone zur Trizone. Darüber hinaus fanden liberale Freiheitsrechte und die Grundprinzipien einer bürgerlich freiheitlichen Demokratie des amerikanischen Modells auf diese Weise unmittelbar Eingang in die Struktur des neu entstehenden Staates. Die Westzonen wurden durch die Hilfe nicht nur in ein enges Beziehungsgeflecht zu den USA gebracht, sondern sie führte auch zu einer positiven Einstellung der Bevölkerung der Westzonen gegenüber dem ehemaligen Kriegsgegner USA, die auf Dankbarkeit und Bewunderung beruhte. Das amerikanische wirtschaftliche und politische System erhielt nicht zuletzt durch das Hilfsprogramm einen echten Vorbildcharakter. Somit bedeutete der Marshallplan auch eine weitere Auseinanderentwicklung der West- und der Ostzonen – sowohl in politischer als auch in wirtschaftlicher Hinsicht.

Neben den Westzonen erhielten auch Frankreich, Großbritannien, Italien, die Benelux-Staaten, Österreich und Griechenland wirtschaftliche und finanzielle Hilfe, die nur z. T. zurückgezahlt werden mußte.

Methoden A 8

Bei der Arbeit mit den Materialien dieses Arbeitsblattes 8 ist auf eine enge Verzahnung mit den Ergebnissen zu achten, die über das Arbeitsblatt 7 erzielt worden sind. Die Stunde stellt an Schüler und Schülerinnen hohe Anforderungen. Zum einen müssen sie ständig den Konnex zur vergangenen Stunde herstellen, auch wenn dieser nicht explizit in den Aufgaben gefordert wird, zum anderen sollten sie – auch wenn dieses in dieser Altersstufe schwer ist – den Ideologiegehalt der Texte und Karikaturen annähernd erfassen. Hier ist es die Aufgabe der Lehrerin/des Lehrers, Lernhilfen zu erteilen, was nur dann geschehen kann, wenn sich die Stunde in einem gebundenen Unterrichtsgespräch vollzieht. Die Arbeit mit den Materialien sollte der Reihe nach erfolgen, obschon auch ein Einstieg mit dem Abschnitt *Perspektiven* denkbar wäre, um von hier aus, nachdem die Schüler und Schülerinnen eingestimmt sind und Vermutungen geäußert haben, zum ersten oder dann eventuell auch gleich zum zweiten Abschnitt des Arbeitsblattes zu kommen. Sollte sich die Lehrerin/der Lehrer dazu entschließen, arbeitsblattchronologisch vorzugehen, so empfiehlt sich für den ersten Abschnitt Stillarbeit, für den zweiten zunächst eine geöffnete Form des Unterrichts, also eine Diskussion, die über die Aussage der Karikatur geführt werden könnte. Diese Diskussion kann weitere Impulse erhalten, indem die kurze Äußerung Stalins vorgelesen wird. Für die Bearbeitung der Truman-Doktrin und der Stellungnahme Bevins ist Textkonzentration erforderlich. Hier nun, da Schüler und Schülerinnen aufgefordert sind, die Argumente, die sich in den Quellen finden, mit ihren eigenen zu vergleichen, ist Partnerarbeit sicherlich eine geeignete Sozialform. Der Unterricht kann mit einer Plenumsdiskussion schließen, die über den Arbeitsauftrag zur Karikatur initiiert wird.
Der Stundenverlauf wird dergestalt an der Tafel dokumentiert, daß sich zum Schluß dieser Stunde eine Zusammenstellung der Gründe findet, die für den Umschwung der amerikanischen und britischen Deutschlandpolitik verantwortlich sind.

Kommentar A 8 / A 9

Ziele A 8

- Erkennen, daß sich die Haltung der amerikanischen Besatzungsmacht innerhalb von 18 Monaten grundlegend geändert hat.
- Erarbeiten, daß die Gründe für diese Änderung in der Furcht zu suchen sind, daß der Kommunismus sich weiter ausbreite.
- Erarbeiten, daß die USA dieser Ausbreitung entgegentreten wollen.
- Erkennen, daß die Befürchtung der USA nicht unbegründet ist.
- Erkennen, daß im Jahre 1946 die Pläne der Alliierten in der Deutschlandfrage diametral entgegengesetzt sind.

Lösungen A 8

Aufgabe 1

Die Schülerinnen und Schüler stellen heraus, daß die amerikanische Besatzungsmacht 1945 die Deutschen als Feinde betrachtet, sie so behandeln will und alles daransetzt, daß Deutschland politisch und wirtschaftlich nie wieder erstarke.
1946 bieten die USA den Deutschen nicht nur wirtschaftliche Hilfe an, sondern sie wollen sich dafür einsetzen, daß Deutschland – wenn es demokratisch werde – einen ehrenvollen Platz in der Gemeinschaft der Nationen erhalte.
Der Satz könnte lauten: „Der ehemalige Feind aus dem Jahre 1945 will 1946 dem besetzten Deutschland hilfreich die Hand reichen, wenn es sich demokratisch entwickle."

Aufgaben 2 und 3

Nach der Beschreibung, die ideologiekritische Ansätze enthalten sollte, muß als Ergebnis folgendes herausgestellt werden: Die Kriegsziele Stalins und die Ausweitung des sowjetischen Machtbereiches (Wiederholung der Ergebnisse von A7) lassen den Aussagegehalt der Karikatur als nicht unwahrscheinlich erscheinen, wenn auch der propagandistische Gehalt „gespenstisch" ist.

Aufgabe 4

Truman und Bevin treten für eine Politik ein, die die Eindämmung des Kommunismus gewährleisten soll. Die Gründe für diese Politik liegen in:
- den gewaltsamen Umstürzen der Länder, die sich 1946 Volksrepubliken nennen,
- der Erkenntnis, daß der Volkswille in diesen „Volksrepubliken" unterdrückt wird,
- der Erkenntnis, daß nur wirtschaftlich sichere Verhältnisse die Menschen davon abhalten können, sich dem Kommunismus zuzuwenden,
- der Erkenntnis, daß das Sowjetsystem aggressiv ist.

Aufgabe 5

Jeder der Alliierten hat andere Vorstellungen. Die der amerikanischen Besatzungsmacht (Freiheit und Demokratie) und die der britischen Besatzungsmacht (Friede) lassen sich am besten vereinen. Die Vorstellungen der Franzosen sind unwägbar. Lediglich die Vorstellungen der Sowjets sind unvereinbar mit denen der drei Westalliierten, denn sie wünschen ein starkes („fettes") kommunistisches Deutschland.

Methoden A 9

Arbeitsblatt 9 soll den Schülerinnen und Schülern verdeutlichen, daß das Projekt der wirtschaftlichen Hilfe für Europa und für die Westzonen des besetzten Deutschlands der Vorbedingungen bedurfte, die letztlich zur Blockbildung beitrugen und eine Wiedervereinigung in weite Ferne rücken ließen. Um diese Vorbedingungen, die sich in bezug auf Deutschland so darstellten, daß ein größeres Wirtschaftsgebiet (Bi-/Trizone) geschaffen werden mußte, daß die Reparationsabmachungen, die in Potsdam getroffen wurden, nicht mehr eingehalten werden konnten, zu verdeutlichen, bedurfte es einer starken didaktischen Reduzierung des Materials. Aus diesem Grunde kann der Ablauf der Stunde und die mit ihr zu erreichenden Ziele nicht allein über die gebotenen Materialien sichergestellt werden. Es bedarf hier der lenkenden und informierenden Lehreraktion, mehr als es in den Arbeitsblättern zuvor der Fall gewesen ist: So wird z. B. die Installation der Trizone nicht von den Materialien abgedeckt, so werden auch die US-amerikanischen Wirtschaftsinteressen, die mit dem Marshallplan verknüpft waren, nicht berührt. Hier müssen Lehrerinformationen das dargebotene Material ergänzen.

Der Unterrichtsverlauf muß sich an der Abfolge der Materialien und den gestellten Aufgaben orientieren. Da es in dieser Stunde um das Erreichen vor allem von kognitiven Lernzielen geht, versucht die Materialauswahl, den Unterricht durch die Karikaturen aufzulockern. Aber auch hier ist die lenkende Hand der Lehrerin/des Lehrers unentbehrlich, denn die ideologiekritische Betrachtung der Karikaturen darf nicht vernachlässigt werden.

Der Unterricht kann so angelegt werden, daß die Materialien der einzelnen Abschnitte in Einzel- oder Partnerarbeit bearbeitet werden und daß nach jedem Abschnitt eine Plenumsdiskussion, die jedoch aus oben erwähnten Gründen einer stärkeren Lenkung bedarf, stattfinden sollte.

Falls es – über die Intention des Arbeitsblattes hinausgehend – das Ziel sein sollte, die US-amerikanischen Wirtschaftsinteressen stärker in den Vordergrund zu rücken, dann sollte folgende Rede Marshalls in den Unterricht Eingang finden:

Der amerikanische Staatssekretär gab mit dieser Rede vom 5. Juni 1947 in der Harvard-Universität den Anstoß zur Entwicklung des ERP (European Recovery Program), des sog. Marshallplanes.

... Die [europäischen] Regierungen [sind] gezwungen, ihre Devisen und Kredite zur Beschaffung dieser Notwendigkeiten zu verwenden. Dieser Prozeß erschöpft die Fonds, welche für den Wiederaufbau dringend benötigt werden. So entwickelt sich rasch eine sehr ernste Situation, welche der Welt schädlich ist. Das moderne System der Arbeitsteilung, auf dem Austausch von Produkten basierend, droht zusammenzubrechen. Die Wahrheit ist es, daß die Bedürfnisse Europas für die nächsten drei oder vier Jahre an ausländischen Nahrungsmitteln und anderen lebenswichtigen Produkten, in der Hauptsache aus Amerika, um vieles größer sind, als die gegenwärtige Fähigkeit Europas, dafür zu bezahlen. Europa muß

A 8 Kommentar
A 9

deshalb eine wesentliche zusätzliche Hilfe erhalten oder einer wirtschaftlichen, sozialen und politischen Verelendung schwersten Charakters entgegengehen. Das Hilfsmittel besteht darin, den gefährlichen Kreislauf zu unterbrechen und das Vertrauen der europäischen Völker in die wirtschaftliche Zukunft ihrer Länder und Europas als Ganzem wiederherzustellen. Der Fabrikant und der Landwirt muß wieder fähig und willens sein, die Produkte gegen eine Währung auszutauschen, deren Wert nicht ständig in Frage gestellt ist. Auch abgesehen von dem demoralisierenden Effekt auf die Welt als Ganzes und den Möglichkeiten von Unruhen, die aus der Verzweiflung der betreffenden Völker entstehen können, würden die Konsequenzen der geschilderten Entwicklung für die Wirtschaft der Vereinigten Staaten eindeutig sein. Es ist daher logisch, daß die Vereinigten Staaten alles mögliche tun sollten, um die Wiederkehr normaler, gesunder wirtschaftlicher Verhältnisse in der Welt herbeizuführen, ohne welche eine politische Stabilität und ein gesicherter Friede nicht bestehen können. Unsere Politik ist nicht gegen irgendein Land oder eine Doktrin, sondern gegen Hunger, Armut, Verzweiflung und Chaos gerichtet. Ihr Zweck soll es sein, die Weltwirtschaft wiederherzustellen, um das Entstehen politischer und sozialer Verhältnisse zu ermöglichen, unter welchen freie Institutionen existieren können. Eine solche Hilfe darf nach meiner Überzeugung nicht in kleinen Portionen erfolgen, so wie sich die Krise entwickelt. Eine Hilfe, die die Regierung gewähren soll, müßte eine wirkliche Kur und nicht ein Vorbeugungsmittel darstellen. Jede Regierung, die willens ist, bei der Aufgabe des Wiederaufbaues mitzuwirken, wird, dessen bin ich sicher, seitens der Regierung der Vereinigten Staaten volle Unterstützung erfahren. Eine Regierung, welche den Wiederaufbau anderer Länder zu verhindern sucht, kann keine Hilfe von uns erwarten. Regierungen, politische Parteien oder Gruppen, welche bestrebt sind, das menschliche Elend zu verewigen, um daraus politisch oder in anderer Weise zu profitieren, werden auf den Widerstand der Vereinigten Staaten stoßen. Es ist klar, daß, bevor die Regierung der Vereinigten Staaten in ihren Bemühungen, die Situation zu erleichtern und beim europäischen Wiederaufbau zu helfen, weiter fortschreiten kann, eine Vereinbarung zwischen den Völkern Europas geschlossen werden muß bezüglich der Erfordernisse der Lage und des Anteils, den diese Länder selbst übernehmen wollen, um eine eventuelle Aktion der amerikanischen Regierung wirksam zu gestalten. Es wäre für die amerikanische Regierung weder passend noch wirksam, einseitig ein Programm zu entwerfen, das bestimmt, wie Europa wirtschaftlich wieder auf die Füße gestellt werden kann ...

(Archiv der Gegenwart, 1946/1947, S. 1106 f.)

Ziele A 9

- Erkennen, daß es vor allem politische Gründe waren, die für die Marshallinitiative ausschlaggebend gewesen sind („Truman-Doktrin").
- Erkennen, daß die Reparationspolitik (Deutschlandpolitik) der sowjetischen Besatzungsmacht indirekt gegen das Potsdamer Abkommen verstößt (Entnahme aus der laufenden Produktion).
- Erkennen, daß mit der Schaffung der Bizone (später Trizone) und der Marshallhilfe eine Teilung Deutschlands vollzogen wird.
- Bewerten, daß der Marshallplan ein Instrument dafür ist, um den Kommunismus abzuwehren und die europäischen Staaten (das besetzte Deutschland) den USA näherzubringen.

Lösungen A 9

Aufgaben 1 und 2

Die Schwierigkeiten, die sich für die USA ergeben, liegen darin, daß die Reparationspraxis der UdSSR in der SBZ diese Zone ausbeutet, wodurch Deutschland, das als wirtschaftliches Ganzes behandelt werden soll, insgesamt leidet. Indirekt, so zeigt die erste Karikatur, zahlen die USA so einen Teil der Reparation an die UdSSR, da sie in ihre Zone Gelder fließen lassen, die im Osten wieder entnommen werden. Die Folge ist der Entschluß, ein „Vereinigtes Wirtschaftsgebiet" zu schaffen, was die zweite Karikatur zeigt. Die Amerikaner sind bezüglich der Schaffung dieses Gebietes mit den Briten aktiv am Werk, die Franzosen werden sich demnächst anschließen (Hammer schon in der Hand), nur die Sowjets werden beiseite stehenbleiben und den Zaun nicht abreißen.

Aufgabe 3

In der Rede wird die Auffassung vertreten, daß nur ein wirtschaftlich gesundes Europa in Frieden und Freiheit leben könne, da Chaos Instabilität (Anfälligkeit für den Kommunismus) fördere.

Aufgabe 4

An die Marshallhilfe ist die Bedingung geknüpft, für Frieden und Freiheit einzutreten. Nur die Staaten, die freie politische Institutionen haben (demokratische Verfassungen), werden die Marshallhilfe erhalten.

Aufgabe 5

Die Staaten, die die Marshallhilfe erhalten, werden sich wirtschaftlich rasch erholen, denn das Hilfsprogramm ist beträchtlich. Die Staaten, die die Marshallhilfe nicht annehmen können (der Ostblock), werden wirtschaftlich zurückfallen, was insbesondere auch für die SBZ gelten wird, die unter der extremen Demontage- und Reparationspraxis der UdSSR leidet.

Aufgabe 6

Die Karikatur und die Ausführungen Kennans decken sich. Kennan sieht die Zerstückelung Deutschlands als eine Folge der nicht mehr vorhandenen Gemeinsamkeit mit der UdSSR, die ihre Zone durch die Installation eines sozialistischen Systems in ihren Machtbereich zu nehmen begonnen hat.

Kommentar A 10

Sachanalyse A 10

Die Währungsreform kann auch als Voraussetzung für das Funktionieren des Marshallplans angesehen werden. Die Währungsverhältnisse waren vollständig zerrüttet, so daß ohne eine Reform der Finanzen der Marshallplan gar nicht hätte erfolgreich umgesetzt werden können. Durch die Finanzierung der Rüstung durch die Notenpresse in der Zeit des Nationalsozialismus war das Geld nahezu wertlos geworden, denn es standen der Geldmenge nach Ende des Krieges kaum noch Güter gegenüber. Da zudem die meisten Güter, vor allem Lebensmittel, einer Bewirtschaftung unterlagen – also nur mit Bezugsschein erworben werden konnten – hatte das Geld seine Funktion als Wertaufbewahrungsmittel ebenso verloren wie als Tauschmittel. Man konnte mit Geld kaum noch etwas erwerben. Hingegen blühte der Schwarzmarkt, auf dem Güter gegen Güter getauscht wurden. Der Schwarzmarkt war illegal, da er zum einen zu großen Ungerechtigkeiten führte und zum anderen dem offiziellen Markt zusätzlich Waren entzog, da sie auf dem schwarzen Markt wesentlich günstiger getauscht werden konnten. Der Schwarzmarkt verschärfte somit die Mangelsituation, insbesondere in den Städten, und die Menschen verbrachten einen großen Teil ihrer Zeit damit, zur Sicherung ihrer Grundbedürfnisse Waren zu besorgen. Nur durch Aufhebung der Bewirtschaftung und einer Reform des Geldwesens konnte dem Schwarzmarkt wirkungsvoll entgegengetreten und eine Basis für eine erfolgreiche Wirtschaftspolitik gelegt werden.

Die Modalitäten der Währungsreform von 1948 waren folgende:

1. Jeder Einwohner der Westzonen erhielt am 20. 6. 1948 40,– DM „Kopfgeld" für 40 RM und am 19. 8. noch einmal 20,– DM.
2. Jeder Unternehmer erhielt am 20. 6. 1948 40,– DM für jeden Beschäftigten.
3. Sparguthaben wurde im Verhältnis 10 zu 1 getauscht. Der Betrag wurde jedoch nicht gleich ausgezahlt, sondern mußte z.T. langfristig festgelegt werden.
4. Schulden wurden auch im Verhältnis 10 zu 1 abgewertet.

Da Sachwerte keiner Reform unterlagen, wurden Sachwertbesitzer, und hier wiederum insbesondere die Besitzer von Produktionsmitteln, ganz erheblich bevorzugt, zu Lasten der Sparer. Diese Bevorzugung konnte auch durch den Lastenausgleich nicht ausgeglichen werden, so daß letztlich die kleinen Sparer die Hauptlast der Währungsreform zu tragen hatten.

Die Folgen der Währungsreform lagen sowohl im wirtschaftlichen als auch im politischen und gesellschaftlichen Bereich. Durch die Reform gab es zwei Währungen in Deutschland und in Berlin. Die Spaltung Deutschlands fand damit eine weitere Vertiefung; die Konflikte zwischen den beiden Teilen Deutschlands und den Alliierten nahmen zu. So bestand die Antwort der UdSSR nicht nur in der Einführung einer eigenen Währung in der SBZ und dem Ostteil Berlins, sondern sie war auch Anlaß für die Berliner Blockade. Wirtschaftlich bedeutete die Reform einen unmittelbaren Erfolg; während der Schwarzmarkt zusammenbrach, tauchten in den Geschäften Waren aller Art auf, die lange Zeit nicht mehr zu kaufen gewesen waren, ein ganz deutlicher Hinweis darauf, daß diese Waren bewußt gehortet worden waren und dem neuen Geld vertraut wurde.

Gesellschaftlich schließlich führte die Währungsreform durch die Ungleichbehandlung von Sachwerten und Spargeldern zu einer ungleichen Vermögensverteilung, deren Auswirkungen bis in die Gegenwart reichen.

Im Zusammenhang mit der Währungsreform wurde durch „das Gesetz über Leitsätze für die Bewirtschaftung und Preispolitik nach der Geldreform vom 24. 6. 1948" für viele Produkte die Bewirtschaftung aufgehoben und die Preise freigegeben. Mit diesem Leitsätzegesetz und der Währungsreform waren die Grundpfeiler für das System der freien Marktwirtschaft errichtet. Ein westdeutscher Staat zeichnete sich immer deutlicher ab. Insofern stellt die Währungsreform mit dem Leitsätzegesetz eine wichtige Station für die Neuordnung auf dem Weg in die Zweistaatlichkeit dar.

Methoden A 10

Die Entscheidung, die Währung zu reformieren, die Modalitäten so zu setzen, daß das Produktionskapital unangetastet blieb, ist eine ‚conditia sine qua non' für die Marshallhilfe, letztlich auch für die Durchsetzung der Truman-Doktrin, auf der der Marshallplan basiert.

Für die methodische Anlage des Arbeitsblattes 10 hat die Struktur der Sache insofern Konsequenzen, als der Unterricht *nicht* allein mit den gebotenen Materialien des Arbeitsblattes zu den erwünschten Ergebnissen führen kann. In dieser Stunde, die sich im großen und ganzen im Klassengespräch vollziehen wird, sind Lehrerin und Lehrer dahingehend gefordert, daß sie sicherstellen, daß der sachstrukturell bedingte Kontext jederzeit gewährleistet ist, ansonsten werden die Schüler und Schülerinnen die Währungsreform als ein isoliert historisches Faktum begreifen, nicht aber ihre Notwendigkeit im Zusammenhang mit der Marshallhilfe erkennen können.

Das Arbeitsblatt ist so angelegt, daß sich die Lernenden zunächst einmal in die Situation der Schwarzmarktzeit hineinversetzen, dabei aber – über das Plakat – erkennen können, daß der Erlebnisbericht keine Ausnahme bildet, daß Schwarzmarktgeschäfte im großen Stil an der Tagesordnung waren. Wenn auch die Schüler, stimuliert über den Bericht aus dem „Telegraf", die Situation der Schwarzmarktzeit nachempfinden können, so ist doch die geforderte Abstraktion zu der Aussage des Plakates schwierig. Hier muß die Lehrerin/der Lehrer Zusatzinformationen bieten, muß helfen, klarzustellen, daß Schwarzmarkt überall und zu jeder Zeit – in jeglicher Dimension – betrieben wurde, daß dieser Markt als Schattenwirtschaft existierte und die Wirtschaft zerstörte.

In der zweiten Phase des Unterrichts, die sich mit dem Währungsgesetz beschäftigt, wird ohne stärkere Lenkung der Lehrerin/des Lehrers herausgestellt werden können, daß das Produktionskapital durch die Reform unangetastet blieb. Es empfiehlt sich, den Arbeitsauftrag 2 in Gruppen- oder Partnerarbeit bearbeiten zu lassen, da ein Austausch der Schülerinnen/Schüler untereinander sinnvoll erscheint – der Gesetzestext bietet sich geradezu zur Diskussion im kleineren Kreis an. In der Plenumsdiskussion, die die Ergebnisse der Partner- oder Gruppenarbeit zusammentragen wird, ist allerdings dann wieder die Lehrerin/der Lehrer gefordert, denn er muß mit den Schülerinnen/Schülern zusammen sicherstellen, daß die Modalitäten des Währungsgesetzes vor dem Hintergrund der Marshallhilfe gesehen werden müssen.

A 10 Kommentar

Die dritte Phase des Unterrichts – die Arbeitsaufträge sollten auch hier in Partner- oder Gruppenarbeit erledigt werden – kann in einer offenen Plenumsdiskussion zum gewünschten Ergebnis führen. In dieser Diskussion sollte sich die Lehrerin/der Lehrer weitgehend zurückhalten, denn das Material kann von den Schülern vor dem bis hier erarbeiteten Hintergrund eigenständig ausgewertet werden.

Ziele A 10

Die Ziele, die mit dieser Stunde verfolgt werden, sollen hier nicht noch einmal aufgelistet werden, da sie in den Ausführungen zur Methode genannt sind. Angemerkt jedoch werden muß das Folgende:
Stundenlernziel ist es zu erkennen, daß mit der Währungsreform die wirtschaftliche Teilung Deutschlands vollzogen wurde, die sich folgenschwer auswirkte, weil der Westteil zu wirtschaftlicher Prosperität gelangte, der Ostteil diese nicht erreichen konnte. Zu diesem Lernziel kann nur im Rückgriff auf die bislang erreichten gelangt werden.

Lösungen A 10

Aufgabe 1

Der Wirtschaftsablauf hat nur noch etwas mit Tauschen zu tun. Jeder versucht, mit Tauschgeschäften einen Gewinn zu machen, Geld spielt keine Rolle mehr. Das Geschäft kann, wenn man geschickt ist, einträglichen Gewinn bringen. Aus einem Pfund Butter kann in kürzester Frist viel mehr werden.
Das Plakat prangert aber nicht diese kleinen Geschäfte an, es muß sie im großen Stil gegeben haben, wenn einige wenige auf Kosten vieler – die tagtäglich ihre kleinen Geschäfte machen – schlemmen und Profit machen können.

Aufgabe 2

Es scheint nur so, als sei jeder am Tage der Währungsreform „gleich" gewesen, nur
- wird Aktienkapital (Produktionskapital) nicht angetastet,
- erhalten Arbeitgeber eine finanzielle Starthilfe, um die Arbeitnehmer zu entlohnen. (Der Marshallplan ist auf eine funktionierende Privatwirtschaft – nicht auf eine sozialistische – hin konzipiert.)

Fazit: Der Satz ist falsch und versucht etwas zu suggerieren, was jeglicher Grundlage entbehrt.

Aufgaben 3–5

Das „Neue Deutschland" propagiert eine Währungsreform, die dem Menschen wirklich gerecht werde. Die SED sieht die westliche Währungsreform als einen Akt, der sich gegen das Volk richtet, denn die Währungsreform in der SBZ ist so angelegt, daß sie den Privateigentümer an Produktionsmitteln (Fabrikbesitzer) treffe, der sich bislang auf Kosten des Volkes bereichert habe. Die Karikatur drückt – mit Blick auf die letzte Brücke – recht gut aus, daß die politische Vereinigung der beiden Teile Deutschlands nicht mehr möglich ist (die letzte Brücke ist zerborsten).

A 11 Kommentar

Sachanalyse A 11

Die Berliner Blockade ist, wie in dem Kapitel Methoden beschrieben, zwar ein einschneidendes Ereignis im Hinblick auf die Auseinanderentwicklung zwischen Ost und West, denn sie ist der Versuch der UdSSR, die Westmächte aus Berlin zu verdrängen. Die Währungsreform kann somit nur als Anlaß für die Blockade Berlins angesehen werden. Tatsächlich ging es der UdSSR um weitreichendere Ziele, nämlich, die Westalliierten aus Berlin zu verdrängen und ganz Berlin ihrem Einfluß zu unterwerfen.
Dieser aggressiven Politik der UdSSR, die bereits in Osteuropa zur Bildung der Volksrepubliken geführt und den sowjetischen Einfluß bis zur Elbe ausgedehnt hatte, mußte nach Ansicht der USA im Sinne der Truman-Doktrin offensiv begegnet werden, wenn man nicht noch weiteres Terrain verlieren wollte. Die USA sahen durchaus die Gefahr, daß mit einem Fall Berlins nicht nur Westdeutschland gefährdet, sondern das Vertrauen in amerikanische Politik auf dem Spiel stehen würde. Die Optionen lagen in einem militärischen Eingreifen oder – auf einer niedrigeren Eskalationsschwelle – in der Versorgung Berlins aus der Luft.
Am 25. Juni 1948 faßte General Clay den historischen Entschluß, eine Luftbrücke einzurichten, die dann dreihundert Tage dauerte und an der sich auch Großbritannien beteiligte. Alle zwei Minuten landete ein Flugzeug in Berlin, das nun vollständig – selbst mit Kohle – aus der Luft versorgt werden mußte. 947 Flugzeuge waren an den ca. 200.000 Flügen beteiligt, um insgesamt 1,44 Millionen t Güter – davon 950.000 t Kohle – nach Berlin zu transportieren. Der Erfolg war so überwältigend, daß die Sowjetunion schließlich mit dem 12. Mai 1949 die Blockade beendete. Für die Sowjetunion bedeutete der Abbruch eine empfindliche Niederlage, für den Westen war es gelungene Eindämmungspolitik. Zudem hatte die Einrichtung der Luftbrücke große Auswirkungen auf das Verhältnis zwischen „Westdeutschland" und den Besatzungsmächten, denn mit der Luftbrücke waren aus Feinden Freunde geworden.

Methoden A 11

Die Berliner Blockade ist zwar ein einschneidendes Ereignis im Hinblick auf die Auseinanderentwicklung zwischen Ost und West, denn sie ist der Versuch der UdSSR, ihre Zone abzurunden und die Westmächte aus Berlin zu verdrängen. Dieser Versuch ist allerdings der vorläufige Schlußpunkt einer Entwicklung, die mit der Wende der amerikanischen Deutschlandpolitik begann und in der Währungsreform, die zwei Wirtschaftsgebiete auf dem Boden Deutschlands schuf, mündete. Für Berlin, das zu

Kommentar A 11

der Zeit noch als ungeteilte Stadt existierte, ergaben sich folgenschwere Zustände, denn jetzt galten in dieser Stadt zwei Währungen, von denen die eine den vierfachen bis sechsfachen Wert der anderen hatte, so daß durch diesen Umstand der Osten wirtschaftlich schwer geschädigt wurde. Das sogenannte Grenzgängertum, das für die spätere DDR eine kaum noch ertragbare Belastung war, schädigte nach der Einführung zweier nichtparitätischer Währungen den Ostsektor der Stadt: Bürger aus dem Ostsektor arbeiteten im Westen, tauschten den Lohn in eine vielfache Ostmark, so daß sie im Ostsektor, in dem sie nichts zur Produktion beitrugen, billig lebten.

Für das Verhältnis der Westsektoren zu den amerikanischen und britischen Besatzern ist die Einrichtung der Luftbrücke, ohne die die Stadt nicht hätte überleben können, überaus bedeutsam. Aus den ehemaligen Feinden wurden jetzt Freunde. Die Luftbrücke ist ein wichtiger Meilenstein für die Westintegration der späteren Bundesrepublik Deutschland.

Mit dem Material des Arbeitsblattes werden zwei Aspekte in den Vordergrund gestellt: Zum einen soll deutlich werden, daß die UdSSR versucht, ganz Berlin in ihren Einflußbereich miteinzubeziehen, zum anderen soll der psychologische Effekt, den die Luftbrücke hatte, deutlich hervortreten.

Der Unterricht muß so angelegt werden, daß der Zusammenhang von:

Berliner Blockade, Währungsreform, Marshallplan, Truman-Doktrin und der Wende in der amerikanischen Deutschlandpolitik

klar wird, damit die Schüler und Schülerinnen die Berlin-Blockade nicht als isoliertes Faktum erfahren. Der Unterricht könnte an Substanz gewinnen, wenn darüber hinaus – wie oben skizziert – der Lehrer oder die Lehrerin die besondere wirtschaftliche Lage Berlins verdeutlichte. Hier könnten die Schüler zur Überlegung angeregt werden, wie sie sich wohl verhielten, wenn in ihrer Stadt zwei nichtparitätische Währungen existierten.

Die Arbeit mit den Materialien sollte der Reihe nach erfolgen.

In bezug auf die Textquellen ist Einzel- oder Partnerarbeit angezeigt. Hier bietet sich die Gelegenheit einer tieferen Quellenkritik, da die Schüler und Schülerinnen zwischen vorgeschobenen und wahren Gründen für die Berlin-Blockade unterscheiden müssen. Hier bietet sich aber auch die Möglichkeit, das historische Ereignis multiperspektivisch zu betrachten, indem – mit dem Verweis auf die Währungssituation in dieser Stadt und der daraus entstandenen wirtschaftlich schwierigen Lage für den Ostsektor – das Handeln der UdSSR nicht unbedingt auf Unverständnis stoßen müßte.

Die Arbeit mit den Materialien des Abschnittes *Ausgang* sollte in einer offenen Diskussion stattfinden, wobei der Lehrer/die Lehrerin hinsichtlich einer ideologiekritischen Analyse der Karikatur lenkend eingreifen müßte (Der gute Westen?/Der böse Osten?).

Ziele A 11

– Erkennen, daß die Blockade Berlins nicht durch technische Störungen begründet werden kann, sondern eine gezielte politische Maßnahme der UdSSR ist.
– Erkennen, daß die USA und Großbritannien die Blockade brechen, um den Verlust Berlins zu verhindern (Truman-Doktrin).
– Beurteilen, daß Blockade und Luftbrücke zu einer Vertiefung der Spaltung zwischen Ost und West, zu einer Freundschaft zwischen Berlin und den USA und Großbritannien führten.

Lösungen A 11

Aufgaben 1 und 2

Die SMV gibt technische Störungen für die Sperrung der Zufahrtswege nach Berlin an. Durch die Blockade ist Berlin von der Versorgung abgeschnitten und die Überlebensfähigkeit in Frage gestellt.

Aufgabe 3

Die Schüler und Schülerinnen können beurteilen, daß die angegebenen Gründe nur vorgeschoben sind und die UdSSR beabsichtigt, die Westalliierten aus Berlin zu verdrängen. Die Währungsreform und die separaten Wahlen in den Westsektoren der Stadt dienen der UdSSR als politische Rechtfertigung, ganz Berlin unter ihren Einfluß zu stellen.

Aufgaben 4 und 5

Die Aufwendungen, die für den Blockadebruch gemacht werden, sind extrem hoch. Das politische Konzept, den Kommunismus eindämmen zu wollen, begründet dieses außergewöhnliche Engagement.

Blockade und Luftbrücke führen zu einer Vertiefung der Spaltung Deutschlands, einer weiteren Auseinanderentwicklung zwischen Ost und West. Gleichzeitig wird das schlechte Verhältnis ehemaliger Feinde zu einem freundschaftlichen.

A 12 Kommentar

Sachanalyse A 12

Die Gründung der Bundesrepublik im Jahre 1949 stellt sicherlich ein wichtiges Ereignis dar, ist aber im Grunde nur noch ein formaler Akt, durch den ein Entwicklungsprozeß abgeschlossen wurde. Dieser Prozeß setzte spätestens mit der Veränderung der amerikanischen Außenpolitik 1947 ein, die zu einem politischen und wirtschaftlichen Wiederaufbau der Westzonen führte. Die Marshallplanhilfe setzte, wie bereits gezeigt, eine stabile Währung und eine Aufhebung der Zonengrenzen voraus. Die entsprechenden Maßnahmen lagen in der Währungsreform und der Zusammenlegung der amerikanischen und britischen Zonen zur Bizone, die unter Einbeziehung der französischen Zone später zur Trizone erweitert wurde. Insbesondere durch diese beiden Maßnahmen wurden im Westen grundlegende Strukturen geschaffen, die zur Eigenstaatlichkeit führten und als politische und wirtschaftliche Strukturen auch nach der Staatsgründung erhalten geblieben sind: so ist der politische Aufbau der Bizone (Trizone) als Vorform der Bundesrepublik Deutschland anzusehen, da er im Prinzip, wie aus der Strukturskizze zu ersehen ist, bereits die Verfassungsorgane Bundestag, Bundesrat und Bundesregierung vorwegnimmt (s. Skizze im Kapitel *Methoden*).

Offiziell eingeleitet wurde die Staatsgründung durch die Übergabe dreier Dokumente der Militärgouverneure an die Ministerpräsidenten. Diese Dokumente enthielten u. a. den Auftrag, eine verfassungsgebende Versammlung einzuberufen, die eine Verfassung für einen Weststaat ausarbeiten sollte. Folgende Bedingungen waren dabei zu erfüllen:

1. Die Verfassung hatte demokratisch im Sinne einer repräsentativen Demokratie zu sein.
2. Der Staatsaufbau hatte föderalistisch zu sein.
3. Individuelle Freiheitsrechte (Grundrechte) mußten garantiert werden.
4. Eine Vereinigung mit der SBZ durfte nicht ausgeschlossen werden.

Um den provisorischen Charakter zu betonen, bestanden die Ministerpräsidenten darauf, von dem Begriff Verfassung abzurücken und nannten die Verfassung „Grundgesetz". Zudem wurde sie nicht von einer verfassungsgebenden Versammlung, sondern vom Parlamentarischen Rat erarbeitet und beschlossen.
Der Parlamentarische Rat konstituierte sich am 1. September 1948 und setzte sich aus 65 Abgeordneten zusammen: 27 der CDU/CSU, 27 der SPD, 5 der FDP, 2 des Zentrum, 2 der DP und 2 der KPD. Die fünf Abgeordneten aus Berlin hatten nur beratende Stimme. Zum Präsidenten wählte der Parlamentarische Rat Konrad Adenauer (CDU), der später zum ersten Bundeskanzler der Bundesrepublik Deutschland wurde. Konflikte mit den Alliierten gab es überwiegend hinsichtlich der föderalistischen Komponente, die nach ihrer Ansicht besonders ausgeprägt sein sollte.
Am 8. Mai 1949 – vier Jahre nach der bedingungslosen Kapitulation – verabschiedete der Parlamentarische Rat das Grundgesetz, das von den Alliierten genehmigt und am 23. Mai verkündet wurde. Am 14. August fanden die ersten Wahlen statt. Am 7. September konstituierte sich der erste Deutsche Bundestag.

Die Staatsgründung bedeutete aber noch keine volle Souveränität, sondern die Westmächte behielten durch ein „Besatzungsstatut" weiterhin die oberste Gewalt. Mit dem Besatzungsstatut wurden der Bundesrepublik eine Reihe von Beschränkungen auferlegt, zu denen u. a. gehörten,
– daß kein Militär aufgebaut werden durfte,
– daß Grundgesetzänderung nur mit Zustimmung der Westalliierten erfolgen konnten,
– daß keine unabhängige Außenpolitik betrieben werden durfte,
– daß die Westalliierten Außenhandel und Devisenwirtschaft kontrollierten.

Erst 1955 wurde das Besatzungsstatut im Zusammenhang mit der Wiederbewaffnung und dem Beitritt der Bundesrepublik zur NATO außer Kraft gesetzt.

Methoden A 12

Die Gründung der Bundesrepublik Deutschland im Jahre 1949 ist lediglich ein formaler Akt, denn die Schaffung des Weststaates ist als Prozeß zu sehen, der mit dem Wandel der amerikanischen Außen- und Deutschlandpolitik seinen Anfang nahm. Die Materialien des Arbeitsblattes 12 thematisieren diesen Prozeß nicht noch einmal, allerdings muß der Unterricht so angelegt sein, daß Schüler und Schülerinnen die Gründung eines Weststaates als langsam voranschreitenden Prozeß erkennen, der in politischer Konsequenz im Staatsgründungsakt gipfelte.
Die Schaffung der Bi- und der Trizone, die Vereinigung der westlichen Besatzungszonen in einem Vereinigten Wirtschaftsgebiet, kann als Vorform des Weststaates betrachtet werden – das um so mehr, als die Verfassung des Wirtschaftsrates viele Ähnlichkeiten mit der späteren Verfassung der Bundesrepublik Deutschland aufweist; jener Verfassung fehlt lediglich das zentrale Element, da eine Bundesebene noch nicht vorhanden ist. Der Lehrer oder die Lehrerin sollte den Unterricht mit Informationen über die Bi- und Trizone stützen, vor allem aber sollte über die Verfassung des Wirtschaftsrates auf Ähnlichkeiten mit der späteren Verfassung der Bundesrepublik Deutschland aufmerksam gemacht werden.

Strukturskizze für den Aufbau der Bizone

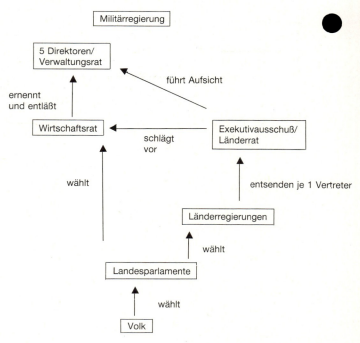

Kommentar A 12

Aus diesem Grunde ist es klar, daß die auf dem Arbeitsblatt gebotenen Materialien nur Teilbereiche des Lernprozesses abdecken können, obschon versucht worden ist, der oben angesprochenen Problematik Rechnung zu tragen: Die Stellungnahme des Ministerpräsidenten von Rheinland-Pfalz macht deutlich, daß auf dem Fundament der Bizone ein neuer Staat entstehen sollte.

Die kurze Stellungnahme sollte im Unterricht ausführlich erörtert werden, sollte dazu genutzt werden, rückgreifend auf die Bi- und Trizonenbildung zu sprechen zu kommen, um von hier ausgehend zu der Wirtschaftsverfassung des Vereinigten Wirtschaftsgebietes zu kommen. Der Unterricht folgt der Anordnung der Materialien und ist vor allem auf das Erreichen kognitiver Lernziele ausgerichtet. Es bieten sich als Sozialform Einzel- oder Partnerarbeit an, deren Ergebnisse nach jedem Abschnitt im Plenum zu diskutieren sind. Der letzte Abschnitt sollte in einer offenen Diskussion gestaltet werden. Hier kann man die Schüler und Schülerinnen auch zu Vermutungen auffordern, was wohl in der SBZ geschehen wird und was die Folgen einer zweiten Staatsgründung sein könnten.

Ziele A 12

- Erkennen, daß die Gründung der Bundesrepublik Deutschland lediglich eine formale Konsequenz des bis 1949 abgelaufenen historisch-politischen Prozesses ist.
- Erarbeiten, daß die Verfassung der Bundesrepublik Deutschland eine demokratische und föderalistische ist und damit der Forderung der Westalliierten nachkommt.
- Beurteilen, daß – wenn die Verfassung auch ein Provisorium ist – die Spaltung Deutschlands für lange Zeit bestehen bleiben wird.

Lösungen A 12

Aufgabe 1

Die Verfassung muß die folgenden Bedingungen erfüllen:

Demokratie	Gewaltenteilung in: Exekutive, Legislative und Judikative
Föderalismus	Eigenständigkeit der einzelnen Länder, die im demokratischen Prozeß ihre Angelegenheiten und Rechte verfechten und dabei eine wichtige Kontrolle ausüben (Bundesrat).
Zentralinstanz	Die föderalistischen Elemente werden in einer Zentralinstanz zusammengefaßt.
Individuelle Freiheitsrechte	Grundrechte, die das Indiviuum vor Staatswillkür schützen, wie z.B. Recht auf Pressefreiheit, Briefgeheimnis, persönliche Entfaltung etc.

Aufgabe 2

Der Parlamentarische Rat ist demokratisch legitimiert, da die in ihm vertretenen Mitglieder aus den Länderregierungen stammen, die von der Mehrheit der jeweiligen Landesparlamente gewählt worden sind. Diese Landesparlamente sind vom Volk in gleicher, freier und geheimer Wahl gewählt worden.

Aufgabe 3

Das Vereinigte Wirtschaftsgebiet kann als Vorform der Bundesrepublik bezeichnet werden, denn in der Stellungnahme der Ministerpräsidenten der drei Westzonen wird die Initiative der Westmächte begrüßt, auf dem Territorium der Trizone einen Staat zu schaffen.

Aufgabe 4

Die Verfassungsstruktur zeigt
- den demokratischen Charakter (Gewaltenteilung und Wahl),
- den föderalistischen Charakter (Bundesrat),
- die doppelte Kontrolle der Zentralinstanz (Bundestag/Bundesrat)
- und eine nicht zu starke Zentralinstanz.

Aufgabe 5

Mit obigen Ergebnissen (demokratische Legitimierung des Parlamentarischen Rates) können die Schüler die Propagandaaussagen widerlegen.

A 13 Kommentar

Sachanalyse A 13

Die Gründung der DDR im Oktober 1949 war, wie die Gründung der Bundesrepublik, der Abschluß eines Prozesses und kein singuläres Ereignis. Durch die antifaschistisch-demokratische Umwälzung waren Strukturen geschaffen, die tragend für das System der DDR werden sollten. Insofern setzte auch in der DDR schon schnell nach Kriegsende die Entwicklung zu einem eigenen Teilstaat ein, auch wenn sie die Staatsgründung gerne als Antwort auf die Gründung der Bundesrepublik Deutschland interpretiert wurde. Die Westmächte wurden von der DDR beschuldigt, für die sich entwickelnde Teilung verantwortlich zu sein. Eine ins Leben gerufene kommunistisch gelenkte Volkskongreßbewegung für ganz Deutschland sollte demonstrieren, daß die SBZ an der Einheit festhielt. Aus dem 2. Volkskongreß, zu dem aus den Westzonen lediglich einige kommunistische Abgeordnete kamen, ging ein Volksrat hervor, der sich als die einzig rechtmäßige Vertretung des deutschen Volkes ausgab und – parallel zur Arbeit des Parlamentarischen Rats – einen Ausschuß zur Erarbeitung einer Verfassung einsetzte. Anders als dem Parlamentarischen Rat fehlte den Volkskongressen und damit auch dem Volksrat jede demokratische Legitimation, denn ihre über 2000 Mitglieder des 1. und 2. Volkskongresses waren eher zufällig von Betrieben und öffentlichen Versammlungen, von Parteien und Massenorganisationen delegiert; der 3. Volkskongreß ging aus Wahlen hervor, bei denen erstmals das Prinzip der Einheitsliste angewandt wurde, eine Auswahl zwischen verschiedenen Parteien und Gruppierungen nicht möglich war. Am 30. Mai 1949 – sieben Tage nach der Verkündung des Grundgesetzes – bestätigte der Volksrat die Verfassung für die DDR. Auch die Gründung der DDR am 7. Oktober 1949 und die Konstituierung der ersten Volkskammer wurde nach Gründung der Bundesrepublik vollzogen, so daß der Westen als Verhinderer der deutschen Einheit bezeichnet werden konnte, während die SBZ bis zuletzt sich um eine deutsche Einheit bemüht habe. Tatsächlich waren durch die antifaschistisch-demokratische Umwälzung die Strukturen im politischen, wirtschaftlichen und gesellschaftlichen Bereich so weit fortgeschritten, daß mit einem gemeinsamen Staat nur einer im Sinne der SED – also eine kommunistisch regierte Volksdemokratie – gemeint sein konnte.

Die erste Verfassung der DDR entsprach weitgehend einem Entwurf der SED von 1946. Sie unterscheidet sich ganz erheblich von den beiden folgenden von 1968 und 1974, da sie in Anlehnung an die Weimarer Verfassung noch Strukturen einer parlamentarischen Demokratie enthält, und im Gegensatz zu den Verfassungen von 1968 und 1974 wurde in der ersten Verfassung der DDR die führende Rolle der SED noch nicht festgeschrieben. Durch die bereits geschaffenen Strukturen im Parteiensystem – Gründung des demokratischen Blocks – konnte die SED die Verfassung jedoch unterlaufen und ihre führende Rolle durchsetzen. Zudem wurde die Volkskammer – wie auch schon der 3. Volkskongreß – nach einer Einheitsliste gewählt, die keine Auswahl ermöglichte und für die Mehrheitsverhältnisse keine Rolle spielte. Die Sitze waren nach einem generellen Schlüssel aufgeteilt, nach dem die SED 25%, die CDU und LDPD je 15%, NDPD und DBD je 7,5% der Sitze erhielten. Die eigentliche Macht lag nicht bei der Volkskammer, sondern im Politbüro der SED, dessen Beschlüsse für die Staatsorgane bindend waren, d.h. die Entscheidungen fielen nicht in einem Staats- sondern einem Parteiorgan. Die Bezeichnung SED-Staat findet hier ihre Berechtigung. Vor diesem Hintergrund scheint es nur konsequent, wenn in den folgenden Verfassungen die führende Rolle der Partei als Verfassungsprinzip mit aufgenommen wird und der Staat als Instrument zur Durchsetzung der Politik der SED gesehen wird.

Methoden A 13

Im Gegensatz zu dem vorangegangenen Arbeitsblatt ist das Material für diese Stunde so ausgewählt worden, daß der Unterrichtsgegenstand *affektiv* erfahren wird. Die Gründung der DDR ist eine politische Konsequenz der vorangegangenen Besatzungspolitik, sie ist nicht so sehr eine Folgegründung, obschon die Propaganda der DDR dieses zu suggerieren versucht.

Das Material ermöglicht es, den Unterricht mit jedem Abschnitt zu beginnen, wobei der Einstieg mit dem Material des letzten Abschnittes *Der SED-Staat* reizvoll erscheint, denn so können die Schüler nicht nur repetieren, was sie über die SED und ihren Führungsanspruch wissen, sondern sie können auch die Provokation, daß es sich bei der DDR um einen SED-Staat handelt, anhand der anderen Materialien überprüfen.

Auch ein Einstieg mit dem Abschnitt *Staatsgründung* kann interessant sein, denn der Wortlaut der Verfassung, der sich demokratisch zeigt, wird über die Arbeit mit den anderen Materialien zu entlarven sein – demokratisch ist sodann im sozialistischen Sinne (der SED) zu verstehen.

Der Unterricht kann in Gruppenarbeit vollgezogen werden. Drei Arbeitsgruppen würden je einen Abschnitt bearbeiten. Eine anschließende Plenumsdiskussion hätte den Reiz, daß Argumente ausgetauscht würden, daß auf zuvor Erarbeitetes zurückgegriffen werden muß.

Der Lehrer/die Lehrerin sollte sich in dieser Stunde weitgehend zurückhalten, denn die avisierten Lernziele sind ohne weitere Zusatzinformationen zu erreichen.

Sollten die Schüler und Schülerinnen größeres Interesse an dem Komplex DDR/UdSSR (SED/KPdSU) zeigen, so können das gesamte Grußtelegramm und der vollständige Glückwunschtext vorgelesen werden. Hier sollte nun eine intensive Quellenkritik erfolgen, die dadurch initiiert werden kann, daß der Lehrer/die Lehrerin Ausbeutung, politischen Terror und Reparationspraktik der UdSSR wiederholend verdeutlicht.

Material zur methodischen Alternative

13. Oktober 1949 Telegramm J. W. Stalins an W. Pieck und O. Grotewohl

Gestatten Sie mir, Sie beide und in Ihrer Person das deutsche Volk anläßlich der Bildung der Deutschen Demokratischen Republik und anläßlich der Wahl des ersteren von Ihnen zum Präsidenten und des letzteren zum Ministerpräsidenten der Deutschen Demokratischen Republik zu beglückwünschen.

Die Bildung der friedliebenden Deutschen Demokratischen Republik ist ein Wendepunkt in der Geschichte Europas. Es unterliegt keinem Zweifel, daß die Existenz eines friedliebenden demokratischen Deutschlands neben dem Bestehen der friedliebenden Sowjetunion die Möglichkeit neuer

Kommentar A 13

Kriege in Europa ausschließt, dem Blutvergießen in Europa ein Ende bereitet und die Versklavung der europäischen Länder durch die Weltimperialisten unmöglich macht. Die Erfahrung des letzten Krieges hat gezeigt, daß das deutsche und das sowjetische Volk in diesem Kriege die größten Opfer gebracht haben, daß diese beiden Völker in Europa die größten Potenzen zur Vollbringung großer Aktionen von Weltbedeutung besitzen. Wenn diese beiden Völker mit gleicher Anspannung der Kräfte ihre Entschlossenheit bekunden werden, für den Frieden zu kämpfen, mit der sie den Krieg führten, so kann der Friede in Europa als gesichert betrachtet werden. Wenn Sie so den Grundstein für ein einheitliches, demokratisches und friedliebendes Deutschland legen, vollbringen Sie gleichzeitig ein großes Werk für ganz Europa, indem Sie ihm einen festen Frieden gewährleisten. Sie brauchen nicht daran zu zweifeln, daß Sie, wenn Sie diesen Weg einschlagen und den Frieden festigen, große Sympathien und die aktive Unterstützung aller Völker der Welt finden werden, darunter des amerikanischen, englischen, französischen, polnischen, tschechoslowakischen, italienischen Volkes, schon gar nicht zu reden vom friedliebenden Sowjetvolk. Ich wünsche Ihnen Erfolg auf Ihrem neuen, glorreichen Wege. Es lebe und gedeihe das einheitliche, unabhängige, demokratische, friedliebende Deutschland!

[Dokumente zur Staatsordnung der Deutschen Demokratischen Republik, Bd. 1, S. 86]

14. Dezember 1949: Losungen des Parteivorstandes der SED zum 70. Geburtstag Stalins

1. Unser Gruß dem Genossen Stalin zum 70. Geburtstag!
2. Es lebe Stalin, der Führer des Weltproletariats!
3. Es lebe Stalin, der beste Freund des deutschen Volkes!
4. Die Deutsche Demokratische Republik dankt Stalin für sein Vertrauen!
5. Das deutsche Volk grüßt Stalin, den bewährten Führer der Weltfriedensbewegung!
6. Lang lebe Stalin, der Baumeister des Sozialismus und Wegbereiter des Kommunismus!
7. Freundschaft mit Stalin bedeutet Freundschaft mit den Völkern der Sowjetunion!
8. Stalin ist unser großer Helfer im Kampf um die Einheit Deutschlands und einen gerechten Frieden!
9. Die Hitler kommen und gehen, das deutsche Volk, der deutsche Staat bleibt! (Stalin)
10. Die Gründung der Deutschen Demokratischen Republik ist ein Wendepunkt in der Geschichte Europas! (Stalin.)
11. Es lebe und gedeihe das einheitliche, unabhängige, demokratische, friedliebende Deutschland! (Stalin.)
12. Stalin ist der Lenin unserer Tage!
13. Vorwärts unter dem unbesiegbaren Banner von Marx, Engels, Lenin und Stalin!
14. Stalin lehrte uns höchste Wachsamkeit gegenüber allen Agenten der Volksfeinde!
15. Getreu der Lehre Stalins für wahren Internationalismus und Völkerfreundschaft!
16. Stalins Leben ist das große Beispiel für jeden Sozialisten!
17. Studiert Stalin – lernt von Stalin – kämpft mit Stalin!
18. Wir grüßen in Stalin den großen Organisator der Zerschlagung des Faschismus!
19. Stalin lehrt die Arbeiterklasse, das Bündnis mit der werktätigen Bauernschaft und der Intelligenz zu festigen!
20. Wir danken Stalin für seine großzügige Hilfe beim Aufbau der deutschen Friedenswirtschaft!
21. Die Nationale Front des demokratischen Deutschlands stützt sich auf das demokratische Lager in der Welt, an dessen Spitze die Sowjetunion steht!
22. Stalin mahnt alle Frauen und Mütter: Kämpft für den Frieden!
23. Deutsche Jugend! Stalins Lehre und Beispiel zeigen den Weg in eine bessere Zukunft!
24. Mit stalinscher Energie für die Erfüllung unseres Zweijahresplans!
25. Unter dem Banner Lenins, unter der Führung Stalins, vorwärts für Frieden, Demokratie und Sozialismus!

Dokumente der Sozialistischen Einheitspartei Deutschlands, Bd. II, S. 374 f.

Lösungen A 13

Aufgabe 1

Die in den Quellen enthaltene Propaganda richtet sich gegen die „imperialistische" Bundesrepublik, den Staat des „Großkapitals" und der „Junker", womit die BRD als Nachfolgestaat des Dritten Reiches diffamiert wird. Die DDR lediglich ist demokratisch.
Unter demokratisch wird verstanden, daß sich der Privatbesitz in gesellschaftlicher Hand befindet – also enteignet ist – da nur so wahre Demokratie (Brechung der Monopole und Privatinteressen) gewährleistet werden könne.

Aufgabe 2

Ausgehend von der Grußbotschaft Stalins und in Erinnerung der Quelle, die zum Ausdruck bringt, daß die jeweilige Besatzungsmacht ihrer Zone ihr eigenes System aufzwingen werde, müssen die Präambel und die Artikel 1 und 3 der DDR-Verfassung dahingehend interpretiert werden, daß der sich konstituierende Staat ein sozialistischer sein wird, der unter der Führung der SED steht. Das Bild allerdings vermittelt einen harmonischen Eindruck und versucht, Demokratie zu suggerieren.

Aufgabe 3

Die „untertänige" Haltung, die in dem Telegramm zum Ausdruck kommt, bestätigt letztlich die Intention der Karikatur: Bei der DDR handelt es sich um einen totalitären Staat stalinistischer Prägung.

A 14 Kommentar

Sachanalyse A 14

Mit dem Arbeitsblatt 14 sollen die Schüler erkennen, daß der spontan begonnene Aufstand der Bauarbeiter der Stalinallee seine tiefen Ursachen im System der DDR findet und sich nur vordergründig gegen die Normenerhöhung richtet. Dieser Aufstand ist Kumulationspunkt gesellschaftlicher und politischer Unzufriedenheit breiter Bevölkerungsschichten. Diese lehnten sich letztendlich gegen die systemimmanenten Schwächen auf. Der „forcierte Aufbau des Sozialismus", wie er auf der zweiten Parteikonferenz der SED am 12. Juli 1952 beschlossen wurde, forderte nach stalinistischem Vorbild die Verschärfung des Klassenkampfes, der sich vor allem gegen selbständige Handwerker, Gewerbetreibende und Bauern richtete, mit dem Ziel, sie in ein kollektives Genossenschaftssystem einzubinden. Gleichzeitig bedeutete der „Aufbau des Sozialismus" eine drastische Verschlechterung der Lebensbedingungen, insbesondere im Konsumbereich, da die Bevorzugung der Investitionsgüterindustrie zu Mangel im konsumptiven Bereich führte. Die schwierige ökonomische Lage wurde zudem durch polizeistaatlichen Druck verschärft, denn die Methoden der Bespitzelung durch die Stasi und ihre informellen Mitarbeiter (IM) ließ die Bevölkerung den Zwangscharakter des Unrechtssystems allzusehr spüren. Der aus diesem Grunde immer stärker anwachsenden Flüchtlingswelle wurde mit Sperrmaßnahmen an der innerdeutschen Grenze begegnet, die wiederum zu größerer Unzufriedenheit und dem Gefühl des Eingesperrtseins führten. Der 17. Juni 1953 ist also der aktive Widerstand gegen das Gesamtsystem, das sich nur durch den Einsatz des sowjetischen Militärapparates halten konnte und sich nur durch konsequente Abschottung vom Westen (Sperrmaßnahmen an der Grenze) zu sichern wußte. Die Teilung der beiden deutschen Staaten wurde durch diese Vorgänge weiter vertieft.

Das Arbeitsblatt bietet alle notwendigen Materialien, aus denen nicht nur die Fakten entnommen, sondern auch die strukturellen Zusammenhänge erhellt werden können.

Methoden A 14

Das Arbeitsblatt, das sich in die Kapitel *Situation – Gründe – Ausdehnung – Bewertung* gliedert, kann gemäß der Abfolge dieser Gliederung behandelt werden, so daß sich der Lernprozeß sukzessive aufbauend gestaltet. Hier bietet sich neben Einzelarbeit auch Partner- und Gruppenarbeit an.

Die Materialauswahl in den einzelnen Kapiteln ist so vorgenommen, daß auch arbeitsteilige Gruppenarbeit möglich ist, wobei die Gruppen sich bei der Ergebnisphase gegenseitig ergänzen und so ein Panorama des 17. Juni 1953 bis hin in die zugrundeliegenden Strukturen der Ereignisse erstellen. Der Vorteil liegt hier in der größeren Selbständigkeit, die dann zu einer breiteren Diskussion anreizt.

Schließlich ist das Arbeitsblatt so angelegt, daß mit jedem Kapitel eingestiegen werden könnte. Insbesondere die Kontrastierung der Texte des ersten Kapitels mit den Materialien des letzten oder der beiden letzten Kapitel(s) bietet den Reiz, daß die Schüler selbst zum Problemlösen angeregt werden, da der Kontrast nicht nur die Frage nach Verlauf und Gründen des Aufstandes aufwirft, sondern sich auch die Frage nach den Ursachen des Scheiterns stellen wird.

Die Auswertung der Aufgaben bzw. die Ergebnisse der Gruppenarbeit werden durch den Lehrer in einem Tafelbild (s. S. 94) zusammengefaßt.

Eine sich anbietende Hausaufgabe kann in dem Zusammentragen von Bildern (Geschichtsbücher) zu den Ereignissen am 17. Juni und der Erstellung einer Bildwand bestehen, um auf diese Weise eine größere Illustration zu erreichen.

Ziele A 14

- Erkennen, daß der Aufstand am 17. Juni 1953 als Bauarbeiterstreik und Demonstration sich konkret gegen die Arbeitsbedingungen (Normenerhöhungen) richtete.
- Erarbeiten, daß dieser Aufstand einen politischen Charakter annimmt und an den Grundfesten des Systems rührt.
- Erarbeiten, daß dem Aufstand in der Struktur des Systems verankerte Schwächen zugrunde liegen.
- Erarbeiten, daß nur brutale Gewalt der „sowjetischen Brudermacht" den Aufstand niederwerfen und das System retten konnte.
- Bewerten, daß der 17. Juni die Teilung Deutschlands vertiefte.

Lösungen A 14

Aufgaben 1 und 2

Die Situation in Ostberlin eskaliert: von der Demonstration gegen Normerhöhung zum Marsch auf die Ministerien und die Anwendung von Gewalt.
Die Rücknahme der Normenerhöhung führt nicht zur Beruhigung, sondern die Forderungen werden immer politischer und richten sich letztlich gegen das System selbst: freie Wahlen – Demokratie – Wiedervereinigung.

Aufgaben 3 und 4

Politische Gründe
- Verschärfung des Klassenkampfes
- Ausbau des Kollektiv- und Genossenschaftswesens
- Unterdrückung der Meinungsfreiheit

Wirtschaftliche Gründe
- Erhöhung der Arbeitsleistung
- geringe Löhne
- hohe Preise
- Bevorzugung der Schwerindustrie
- Vernachlässigung des Konsumbereichs

Gesellschaftliche Gründe
- Druck auf Selbständige
- Abschottung der DDR (Grenzausbau)
- Überwachung
- Stalinkult

Die Normenerhöhungen haben vor dem Hintergrund der ermittelten Gründe nur noch auslösenden Charakter für die tiefe Unzufriedenheit der Bevölkerung.

Kommentar A 14

Aufgaben 5 und 6

In vielen Städten kommt es zu Unruhen, wie z. B. in Halle, Leipzig, Magdeburg, Chemnitz, Jena, Frankfurt. Der Aufstand erstreckt sich nahezu über die gesamte DDR, mit Ausnahme des agrarischen Nordens.
Zu einer Beruhigung konnte es auch nach Rücknahme der Normenerhöhung nicht kommen, weil diese nur Anlaß für den Aufstand waren, während die Ursachen tiefer lagen.

Aufgaben 7 bis 9

Das ZK der SED spielt den Aufstand herunter und wertet ihn als eine konterrevolutionäre Aktion des Westens, der sich die Arbeiter in der DDR widersetzten und „ihren Staat" vor den Provokateuren retteten.
Die Karikatur zeigt das Einschreiten der Militärmacht gegen demokratische Forderungen, die mit der Panzerkanone hinweggefegt werden.
Die Karikatur ist wirklichkeitsnäher, da dieser Aufstand von einer breiten Masse der Bevölkerung in fast der gesamten DDR getragen wurde, die sich nach mehr Freiheit sehnte.
Die Sperrmaßnahmen werden verstärkt, dadurch die Bürger in der DDR quasi eingesperrt und stärker bespitzelt. Die Kluft zwischen beiden deutschen Staaten erfährt durch den Ausbau der Grenzanlagen eine weitere Vertiefung; der zwischenmenschliche Kontakt zwischen Ost und West wird noch schwerer.

Kommentar A 15

Sachanalyse A 15

Die Wiederbewaffnung der Bundesrepublik Deutschland stellt eine weitere wichtige Station in der Entwicklung der Bundesrepublik Deutschland dar. Sie kann nahezu als Abschluß einer ersten Konsolidierungsphase der Bundesrepublik angesehen werden, denn mit der Wiederbewaffnung gewann die Bundesrepublik nicht nur an Souveränität, sondern sie bedeutete auch eine zusätzliche Bindung an den Westen. Damit führte sie zu einer Verfestigung des Systems und vervollständigte – nach der wirtschaftlichen Integration durch die Montanunion, aus der später die EWG hervorging – die Westintegration. Die militärische Integration in die NATO, die sich als Verteidigungsbündnis gegen die UdSSR und deren Satellitenstaaten verstand, bedeutete gleichzeitig einen Verzicht auf eine Annäherung der beiden deutschen Staaten und mußte somit die Spaltung Deutschlands zementieren, denn mit der Einbindung der Bundesrepublik in dieses Verteidigungssystem wurde Deutschland endgültig zur Nahtstelle der Einflußsphären der Supermächte, die sich unversöhnlich gegenüberstanden.
Über die Aufstellung einer Armee wurden in der Bundesrepublik schärfste Kontroversen geführt, vor allem, da die Auswirkungen, insbesondere auf die nationale Frage, ganz unterschiedlich beurteilt wurden. Während Adenauer – und damit die Bundesregierung – die Position der Stärke vertrat und davon ausging, daß ein militärisch starker Westen die UdSSR hinsichtlich der deutschen Frage verhandlungs- und kompromißbereit machen würde, vertrat die Opposition die Auffassung, daß ein deutscher Wehrbeitrag die Verhandlungsposition des Westens gerade nicht stärken, sondern die Fronten verhärten und eine Lösung der deutschen Frage unmöglich machen würde. Die Diskussion wurde durch eine Vielzahl von Faktoren bestimmt. Dazu zählten die internationale Situation des Kalten Krieges mit den ihr innewohnenden Spannungen zwischen den Blöcken, der Korea-Krieg, die Stalin-Note, die unter gewissen Umständen eine Wiedervereinigung in Aussicht stellte, die Position Frankreichs, das einem Wehrbeitrag und einer Souveränität skeptisch gegenüberstand, die unterschiedliche innenpolitische Beurteilung durch Regierung und Opposition und die starken Bestrebungen der USA nach einem deutschen Wehrbeitrag.
Daß ein deutscher Wehrbeitrag nur in einer Gemeinschaft denkbar war, wurde von keiner Seite – auch nicht von der Bundesregierung – in Frage gestellt. Gedacht war zunächst an eine Europäische-Verteidigungs-Gemeinschaft (EVG), der die gleichen Mitglieder wie der Montanunion angehören sollten. Dieser Plan, der von Frankreich ausging, scheiterte dennoch am Veto des französischen Parlaments, und die Bundesrepublik wurde statt dessen Mitglied der NATO.
Das politische Ziel des Souveränitätsgewinns wurde mit der Aufstellung eines deutschen Wehrbeitrags erreicht, denn das Besatzungsstatut verlor durch den Deutschland-Vertrag seine Gültigkeit. Gleichzeitig kann man aber nicht umhin zu konstatieren, daß die Verhandlungsbereitschaft der UdSSR dadurch nicht gesteigert wurde. Vielmehr gründeten die Sowjetunion und die Volksrepubliken – nach ihrer Interpretation als Reaktion auf den Beitritt der Bundesrepublik zur NATO – den Warschauer Pakt. Auch die DDR wurde Mitglied dieses Bündnissystems. Damit waren beide deutschen Staaten in gegensätzliche Bündnissysteme integriert und die Bundesrepublik Nahtstelle der Blöcke. Die beiden deutschen Staaten standen sich nun feindlich (und bewaffnet) gegenüber, womit sich die Kluft zwischen der Bundesrepublik und der DDR vergrößert hatte.

Methoden A 15

Das Arbeitsblatt 15 ist zunächst einmal für den Einsatz in einer Doppelstunde gedacht, wobei alle gebotenen Materialien im Unterricht der Reihe nach behandelt werden sollten.
Die Konzeption des Arbeitsblattes läßt allerdings auch die Anlage zweier Einzelstunden zu, denn nach dem Abschnitt *Zur Begründung* ist eine Zäsur möglich, wenn die Ergebnisse gesichert worden sind. Die Folgestunde würde mit einer kurzen Wiederholung dieser Ergebnisse beginnen und dann mit der Behandlung der Materialien der letzten drei Abschnitte fortfahren. Sollte sich jedoch der Lehrer/die Lehrerin dafür entscheiden, das Thema in einer Stunde zu behandeln, so ist dieses über eine nochmalige didaktische Reduktion möglich. In diesem Falle kämen folgende Materialien zum Einsatz:

M 4 – M 5 – M 6 – M 10 – M 12 – M 13 – M 17.

A 15 Kommentar

Bei diesem Vorgehen würde allerdings auf einen tieferen Begründungszusammenhang verzichtet werden müssen, fiele der Abschnitt *Bewertung* heraus. Die Wiederbewaffnung der Bundesrepublik Deutschland im Rahmen eines kollektiven Verteidigungsbündnisses und die damit verbundene Westintegration würden so hauptsächlich im Zusammenhang mit der Erlangung der vollen Souveränität gesehen werden. Das Faktum, daß der westdeutsche Wehrbeitrag zu innenpolitischen Kontroversen führte, die die Bevölkerung in zwei Lager spalteten, könnte zu Stundenbeginn (M 4) nur angerissen werden. Die Phase der Bewertung, in der sich diese Kontroverse noch einmal zeigt, dürfte daher, da sie nicht genügend vorbereitet worden ist, nicht behandelt werden. Bei diesem Vorgehen verlöre der Unterricht allerdings an Farbigkeit, denn die Auswahl der Materialien ist so getroffen worden, daß Schüler und Schülerinnen sowohl auf der affektiven wie auch auf der kognitiven Ebene gefordert und angesprochen werden.

Die konkrete Ausgestaltung der Doppelstunde könnte folgendermaßen aussehen:

1. Partner- oder Gruppenarbeit mit den Materialien M 1–M 4. Da diese Materialien die Schüler und Schülerinnen vor allem im affektiven Bereich ansprechen, ist es sinnvoll, daß ihnen Gelegenheit gegeben wird, sich über die Materialien zu unterhalten, um so zu dem Urteil zu gelangen, daß die Frage nach der Wiederbewaffnung nicht eindeutig beantwortet werden kann. Dieser Unterrichtsabschnitt könnte, wenn die Plenumsdiskussion einsetzt, dadurch vertieft werden, daß der Lehrer/die Lehrerin – rückgreifend auf die vorangegangenen Stunden – zum einen das Material über die Kriegsschäden und -auswirkungen präsentiert, zum anderen das Material über die Ausweitung des sowjetischen Machtbereichs in das unterrichtliche Geschehen einbringt. Die schwierige Frage, ob die Bundesrepublik wieder bewaffnet werden solle, wird den Schülern und Schülerinnen somit als eine nur schwer beantwortbare erscheinen, denn sie werden erkennen, daß die Auswirkungen des Zweiten Weltkrieges noch präsent sind, sie werden aber auch erkennen, daß sich aufgrund des Ost-West-Konfliktes die Frage nach einem westdeutschen Wehrbeitrag geradezu aufdrängte.
2. Die Arbeit mit den Materialien des zweiten Abschnittes sollte in Stillarbeit erfolgen, da konzentrierte Textarbeit gefordert wird und da ein detaillierter Begründungszusammenhang erstellt werden muß. In der sich anschließenden Plenumsdiskussion sollte lediglich der Begründungszusammenhang *dargestellt* werden, denn hier ist noch keine Stellungnahme gefordert; diese kann erst in der vierten Phase erfolgen, die sich kritisch mit der *Bewertung* auseinanderzusetzen hat.
Falls die Doppelstunde in zwei Einzelstunden gliedert wird, endet die erste Stunde mit einer Zusammenfassung der bis dahin erzielten Ergebnisse.
3. Die Arbeit mit den Materialien des dritten Abschnittes sollte wiederum in Stillarbeit erfolgen, da der Text über die Pariser Verträge eine konzentrierte Vertiefung verlangt. Die Plenumsdiskussion müßte zu dem Ergebnis führen, daß die Bundesrepublik Deutschland mit ihrem Wehrbeitrag die volle Souveränität erlangt, daß aber dieser Wehrbeitrag nur in einem kollektiven System der Sicherheit erwünscht und denkbar ist. Hier bietet sich die Gelegenheit, auf Artikel 24, Abs. 2 GG hinzuweisen:

„Der Bund kann sich zur Wahrung des Friedens einem System gegenseitiger kollektiver Sicherheit einordnen; er wird hierbei in die Beschränkungen seiner Hoheitsrechte einwilligen, die eine friedliche und dauerhafte Ordnung in Europa und zwischen den Völkern der Welt herbeiführen und sichern."

4. Die Arbeit mit den Materialien des Abschnittes *Bewertung* sollte hauptsächlich in einer Diskussion vollzogen werden, denn Schüler und Schülerinnen müssen hier die Gelegenheit erhalten, ihrer subjektiven Befindlichkeit Ausdruck zu verleihen. So ist es angezeigt, daß nach einer Phase der Informationsaufnahme die unterschiedlichen Standpunkte diskutiert werden, wobei diese Diskussion ihren Ausgangspunkt an den beiden Plakaten nehmen könnte.
5. Die Arbeit mit den Materialien des letzten Abschnittes wird Schüler und Schülerinnen zu dem – sie nicht in Erstaunen versetzenden – Ergebnis bringen, daß die Spaltung Deutschlands mit dem Beitritt der Bundesrepublik Deutschland zum NATO-Bündnis und dem Beitritt der DDR zum Bündnis des Warschauer Paktes in zwei Lagern vollzogen worden ist, die sich nun unversöhnlich gegenüberstehen. Die Arbeit an diesen Materialien sollte in einer offenen Unterrichtsform gestaltet werden, da auch hier der affektive Bereich der Schüler und Schülerinnen angesprochen wird.
Eine Vertiefung der Ergebnisse dieses Unterrichtsabschnittes könnte dadurch erreicht werden, daß der Lehrer/die Lehrerin Zusatzinformationen zum Warschauer Pakt und zur NATO eingibt, die deutlich machen, daß die beiden deutschen Teilstaaten eine Funktion im Ost-West-Konflikt haben und sich innerhalb der beiden Bündnissysteme unversöhnlich gegenüberstehen.
Die Doppelstunde kann geschickt geschlossen werden, indem die *Wegmarken der deutschen Teilung* wiederholend präsent gemacht werden:

Nach: GLOBUS Kartendienst. G 8377

Ziele A 15

– Erkennen, daß die Haltung zur Frage des westdeutschen Wehrbeitrages zur innenpolitischen Spaltung führte.
– Erarbeiten, daß die Gründe für die Wiederbewaffnung zum einen darin zu sehen sind, daß die Bedrohung des Kommunismus ernst genommen wird (Korea) und zum anderen darin, daß die Bundesrepublik Deutschland mit ihrem Wehrbeitrag die volle Souveränität erlangt.

- Beurteilen, daß sich die beiden deutschen Teilstaaten nach der Integration in zwei Bündnissysteme feindlich und scheinbar unversöhnlich gegenüberstehen.

Lösungen A 15

Aufgabe 1

Die Schüler und Schülerinnen beschreiben die innenpolitische Situation als kontrovers und erkennen, daß die Nachwirkungen des Zweiten Weltkrieges nicht vergessen sind, erkennen aber auch, daß die Bedrohung aus dem Osten ernstgenommen wird.

Aufgabe 2

Der damalige Bundeskanzler argumentiert:
- Nur eine Position der Stärke könne den Osten vor einem weiteren Vordringen abhalten,
- diese Position sei der deutschen Wiedervereinigung förderlich, da Rußland erkennen müsse, daß die Bundesrepublik – im Bündnis mit den Westmächten – sich nicht von Sowjetrußland vereinnahmen lassen werde.

Aufgabe 3

Der Korea-Krieg zeigt die aggressive Komponente der kommunistischen Systeme. Die Parallele zwischen der Situation in Korea und in Deutschland ist nicht von der Hand zu weisen.

Aufgabe 4

Volle Souveränität heißt volle Handlungsfähigkeit und Anerkennung innerhalb der Staatengemeinschaft. Ziel des Kanzlers ist es, die Bundesrepublik von der Bevormundung, die das Besatzungsstatut festschreibt, zu befreien.

Aufgaben 5 und 6

Mit der Wiederbewaffnung erhält die Bundesrepublik Deutschland volle Souveränität, wird somit ein selbständig handlungsfähiger Staat. Die Bundesrepublik kann nur wiederbewaffnet werden, wenn die Heeresmacht nicht allein der Verfügungsgewalt der Deutschen untersteht. Die Absicht der Westalliierten muß es sein, diese Macht zu kontrollieren, damit sich nicht wieder Ähnliches wie 1939 ereignen kann.

Aufgabe 7

Ollenhauers Ausführungen und die Adenauers stehen sich unvereinbar gegenüber. Die beiden Plakate drücken den tiefen Zwiespalt in der Bevölkerung – vertreten durch SPD und CDU – aus.

Aufgabe 8

Die Entfernung der beiden deutschen Teile ist bis zu diesem Zeitpunkt so weit fortgeschritten, daß sie sich schon längst als feste Bestandteile zweier entgegengesetzter Bündnissysteme verstehen. Die DDR konnte den Beitritt der Bundesrepublik in die NATO nur mit dem Beitritt in den Warschauer Pakt beantworten, da sie sich vom Westen genauso bedroht sah, wie dieser sich vom Osten bedroht meinte.

Aufgabe 9

Die Karikatur sagt aus, daß die Spaltung Deutschlands nicht mehr zu überwinden ist, da beide Teile in sich feindlich gegenüberstehende Bündnissysteme integriert sind.

Sachanalyse A 16

Der als „Wunder" bezeichnete Aufschwung der westdeutschen Wirtschaft in den 50er Jahren ist kein Wunder, denn er basiert zum einen auf dem Fleiß, Aufbauwillen, Geschick und technischen Können der verfügbaren Arbeitskräfte und Unternehmer, die, nachdem die administrativen Eingriffe der Westalliierten in den Bereich der Wirtschaft weggefallen waren, in einer von Zwang und Angst befreiten und zukunftsorientierten Atmosphäre daran gehen konnten, einen Wiederaufbau zu bewerkstelligen, der sich an der sozialen Marktwirtschaft orientierte, die staatliche Eingriffe in das Wirtschaftsgefüge nur dann für angezeigt hielt, wenn die Konkurrenz am Markt sich stark zu verzerren drohte. Zum anderen ist der wirtschaftliche Aufschwung undenkbar ohne die von außen geleistete Hilfe des Marshallplanes.
Allgemein jedoch herrscht in bezug auf den wirtschaftlichen Aufschwung der Bundesrepublik Deutschland eine ganz bestimmte Auffassung, die mittlerweile zum Stereotyp erstarrt ist und die einen Mythos begründete, nämlich den des sogenannten „Wirtschaftswunders". Dieses Stereotyp besagt, daß sich die westdeutsche Wirtschaft – aufgrund des freiheitlichen Ordnungsgedankens, der sich in den Begriffen ‚Eigenverantwortung', ‚Freies Unternehmertum' und ‚Freier Markt' widerspiegelt – aus dem Chaos mit Hilfe des Marshallplanes, der Währungsreform und vor allem des freiheitlichen Marktkonzeptes *urplötzlich und wundergleich emporgeschwungen habe*. Daß dieser Mythos ein Stück des bundesrepublikanischen Selbstverständnisses bildete, kann leicht nachvollzogen werden, galt es doch im Sinne der Attraktivitätstheorie nachzuweisen, daß die Marktwirtschaft der zentral verwalteten Wirtschaft im Sozialismus weitaus überlegen ist. Gleichzeitig konnte eine Gründungslegende der Bundesrepublik kreiert werden, die eine Identifikation mit dem neuen Teilstaat schuf, der auf wirtschafts- und ordnungspolitischer Originalität zu basieren schien.
Jedoch nicht erst durch den Marshallplan und die mit ihm verknüpfte Währungsreform ist der wirtschaftliche Tiefpunkt in der amerikanischen und britischen Besatzungszone überwunden worden. Vor allem die unterschiedlichen Ausgangspositionen beider Teile Deutschlands begünstigten eine rasche Gesundung im Westen, denn:
- die Wirtschaft im Westen wies einen – verglichen mit der im Osten – weitaus geringeren Zerstörungsgrad auf,

A 16 Kommentar

- die Belastungen durch Demontagen und Reparationen waren viel geringer, so zum Beispiel übertraf der Bestand des industriellen Anlagevermögens im Westen im Jahre 1948 den des Jahres 1936 um 11 Prozent,
- die Überwindung des Verkehrsengpasses war im Jahre 1947 im Bereich der Transportkapazitäten nahezu vollständig überwunden,
- der Kohlebergbau war im Jahre 1947, aufgrund von Anreizen, ein überaus leistungsstarker Bereich geworden.

Marshallplan und Währungsreform übten somit vor allem eine tiefe psychologische Wirkung aus, die zu Investitionen führte.

Zwar hatten die Belastungen durch Demontage im Westen vor allem solche Industriezweige getroffen, die in den Jahren 1936–1944 am stärksten expandiert hatten, allerdings konnten diese Demontagen den wirtschaftlichen Aufschwung in den 50er Jahren nicht ernstlich gefährden, da sich auf dem Territorium der Westzonen 92,7 Prozent der eisenschaffenden Industrie, 78,3 Prozent der Eisen- und Stahlgießereien, 79,7 Prozent der Metallschmelzereien, 54,6 Prozent der Armaturenindustrie und 73,7 Prozent der Kupfer-, Blei- und Silberhütten befanden, Industriezweige also, die damals als Motor einer modernen Industriegesellschaft galten.

In dem vor allem durch die Leicht- und Weiterverarbeitungsindustrie strukturierten Gebiet der SBZ wurde dagegen der schwerindustrielle Bereich von der UdSSR fast vollständig demontiert, so daß eine bescheidene Rekonstruktion in diesem Bereich erst Anfang der 50er Jahre einsetzte, nachdem die SAGs von der UdSSR an die DDR zurückgegeben worden waren.

Hinsichtlich des Mythos „Wirtschaftswunder" wird auch kaum beachtet, daß sich die Erholung der Wirtschaft, die nach der Währungsreform stürmisch einsetzte, schon nach kurzer Zeit spürbar verlangsamte. Der Index der Industrieproduktion sackte von 104 (Vergleichsjahr 1936) im November 1949 auf 93 im Januar 1950 merklich ab. Die Arbeitslosenquote stieg beträchtlich. Betrug sie im September 1949 noch 8,8 Prozent, so waren im Februar 1950 knapp 2 Millionen Arbeitnehmer ohne Beschäftigung, was einem Prozentsatz von 13,5 Prozent entsprach.

Insbesondere jedoch war die sogenannte „Korea-Hausse", in der sich das westdeutsche Exportvolumen steigerte, für den Wirtschaftsaufschwung mitverantwortlich, was, da der Mythos des „Wirtschaftswunders" in einem anderen Licht erscheinen könnte, nicht ungern verschwiegen wurde und wird.

Verschwiegen wird auch die Tatsache, daß bei Niedriglöhnen und einer Steuerpolitik, die Kapitalbildung auf Unternehmerseite förderte, um das Anlagekapital zu vergrößern, die staatlichen Eingriffe in die Wirtschaft nicht gering gewesen sind, was letztlich dem wirtschaftlichen Ordnungsgedanken entgegensteht. Die Statistik über die Entwicklung der Industrie in der Bundesrepublik zeigt, daß sich hinsichtlich des Anstieges der Umsätze in der Industrie und der Löhne eine gewaltige Schere aufgetan hat.

Die Entwicklung der Industrie in der Bundesrepublik 1950–1958

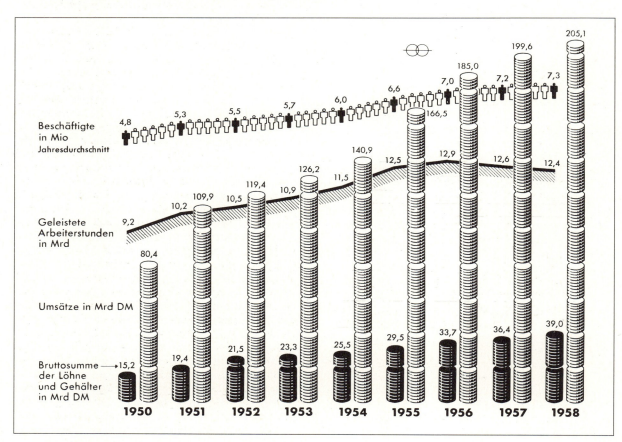

Kommentar A 16

Der Unterricht in der Sekundarstufe I kann diese Hintergründe zwar nicht erhellen, jedoch ist es aufgrund der Fakten angezeigt, daß der ideologische Gehalt des „Wirtschaftswundermythos" und der der Propagierung des „Wohlstands für alle" als Folie dem Lehrer/der Lehrerin ständig bewußt sein sollte.

Methoden A 16

Ziel dieses Arbeitsblattes ist es, Schüler und Schülerinnen zu der Erkenntnis zu führen, daß das sogenannte *Wirtschaftswunder* nicht allein aus eigener Kraft entstanden ist, sondern daß externe Faktoren einen wesentlichen Impuls für den wirtschaftlichen Aufschwung in der Bundesrepublik Deutschland gegeben haben, womit eine Teilentmythologisierung des Begriffes angestrebt wird. Diese Teilentmythologisierung erscheint deshalb als didaktisch sinnvoll, da die wirtschaftlichen Schwierigkeiten, vor denen die DDR letztendlich kapitulieren mußte, natürlich in erster Linie „hausgemachte", also systembedingte waren, hier aber bedacht werden muß, daß die SBZ/DDR nicht nur von der sowjetischen Siegermacht ausgebeutet worden ist, sondern der Ostteil Deutschlands eben nicht in den Genuß ausländischer Kredite und Wirtschaftsankurbelungsmechanismen kommen konnte und somit ungleichen Startbedingungen unterworfen gewesen ist. Diese ungleichen Startbedingungen wurden durch die Struktur des Industrieraumes SBZ/DDR verschärft, denn der vor allem auf die Leichtindustrie ausgerichtete Wirtschaftsraum im Osten war durch die Teilung Deutschlands von wichtigen schwerindustriellen Zentren an Rhein und Ruhr und den oberschlesischen Gebieten abgeschnitten und der Warenaustauschfluß zwischen West- und Ostdeutschland war mehr zu Lasten der DDR unterbrochen. Zudem waren die Industrieanlagen auf dem Gebiet der SBZ/DDR weit größeren Kriegseinflüssen ausgesetzt gewesen und in stärkerem Maße zerstört worden.

Die gebotenen Materialien sind so ausgesucht worden, daß Schüler und Schülerinnen den wirtschaftlichen Aufschwung der Bundesrepublik anhand realitätsnaher Quellen nachvollziehen, quasi nachempfinden können. So empfiehlt sich ein Einstieg in die Stunde mit den Materialien des ersten Abschnittes. Über dieses Material wird deutlich, daß sich der Aufschwung in allen Bereichen der Wirtschaft vollzieht und damit letztlich jeder an diesem Aufschwung partizipieren kann. Die Arbeit sollte allein von der Materialauswahl gelenkt werden, so daß Lehrer und Lehrerin eine Sozialform wählen sollten, die die Lehreraktivität in den Hintergrund treten läßt. Denkbar ist ein offen geführtes Unterrichtsgespräch, das über die beiden gebotenen Arbeitsaufträge initiiert wird.

Die Arbeit mit den Materialien des zweiten Abschnittes ist stark an eine intensive Textarbeit gebunden, so daß sich hier zunächst Stillarbeit empfiehlt, die dann von einer Plenumsdiskussion abgelöst wird, wenn die Aussagen des CDU-Propagandaplakates mit den Informationen, die die Schüler und Schülerinnen aus den anderen Texten erhalten haben, bewertend verglichen werden. Bei dieser Diskussion haben Lehrer/Lehrerin darauf zu achten, daß der Zusammenhang zu den Ergebnissen vergangener Stunden geschaffen wird (Marshallplan, Bizone, Währungsreform, sowjetische Reparations- und Demontagepraxis usw.), damit das obengenannte Ziel auch realisiert wird.

Der Warenaustauschfluß zwischen West und Ost

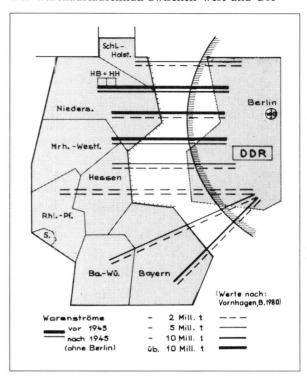

Niedersächsische Landeszentrale für politische Bildung, Hannover

Verteilung der Industrie 1945
Grad der Zerstörung in %

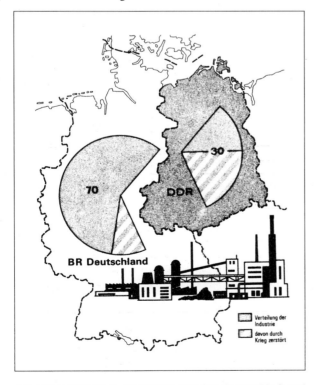

aus: Lothar Buck, Hrsg.: Die Umwelt gestalten. Geographie 9. und 10. Schuljahr. Stuttgart 1974, S. 207

A 16 Kommentar

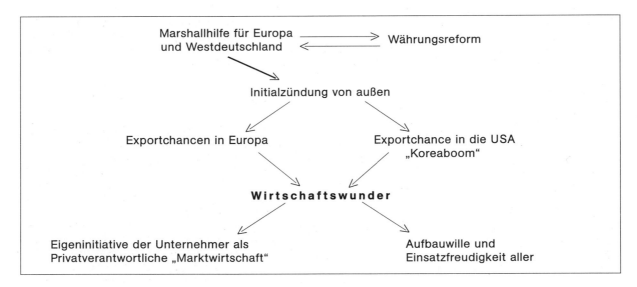

Natürlich ist auch ein Stundeneinstieg mit den Materialien des zweiten Abschnittes denkbar, um von hier aus dann den sich vollziehenden Aufschwung zu betrachten. Die letzte Unterrichtsphase, in der lediglich ein Aspekt der Folgen im Mittelpunkt steht, muß so angelegt sein, daß in einer weiterführenden Diskussion die politischen Folgen antizipiert werden können.

Lösungen A 16

Aufgabe 1

Die wirtschaftliche Situation wird als eine überaus positive beschrieben. Die Bereiche, in denen sich der wirtschaftliche Aufschwung vollzieht, sind anhand der Materialien wie folgt aufzulisten:

Wohnungsbau	Infrastruktur	Industrie	Dienstleistungsbereich
Enttrümmerung	Straßenbau	Autoindustrie	Toto
Wolkenkratzer		Zuliefererbetriebe	Reisen
			Schiffsbergung
			Metallsucher

Aufgabe 2

Die wirtschaftliche Lage hat sich fundamental geändert. Von der Mangelwirtschaft und der Bewirtschaftung hat sich eine Wende hin zu einer freien Wirtschaft vollzogen, die in allen Bereichen zum Aufschwung führt.

Aufgabe 3

Der Wirtschaftsaufschwung kann zum Wohlstand für alle führen, da dieser Aufschwung allumfassend ist. Beispiel Autoindustrie: Metallbetriebe – Walzwerke – Eisenindustrie (Bergbau) – Gummiindustrie – Gerätebau – Polsterindustrie – Farbindustrie – Glasindustrie – usw.

Aufgabe 4

Die Begründungen des Propagandaplakates für den Aufschwung aus eigener Kraft sind folgende:
- Geldwertstabilität
- Freies Unternehmertum
- Exportfähigkeit (Wertarbeit deutscher Ware)
- Engagement aller in der Bundesrepublik für die soziale Marktwirtschaft.

Aufgabe 5

Der wirtschaftliche Aufschwung hat zwei wesentliche Impulse, die von außen kommen:
a) die Marshallhilfe für Europa
b) Exportsteigerung in die USA aufgrund des Koreakrieges.

Aufgabe 6

Bei dem Wirtschaftsaufschwung handelt es sich nicht um ein Wunder, auch nicht um einen Aufschwung, der aus eigener Kraft vollzogen worden ist, denn externe Impulse verhalfen der westdeutschen Wirtschaft zum Aufschwung, waren zündend.

Aufgabe 7

Der wirtschaftliche Aufschwung in der Bundesrepublik führt, was den Lebensstandard betrifft, zu einem tiefen Graben zwischen den beiden deutschen Staaten. Die Fluchtwelle aus der DDR steigt an, da die Menschen am Wohlstand im Westen teilhaben wollen. Diese Tatsache muß zu einer Vertiefung der politischen Spaltung führen.

Kommentar A 17

Sachanalyse A 17

West- und Ostintegration der Bundesrepublik Deutschland und der DDR (der westlichen Besatzungszonen und der SBZ) ist ein sukzessiver Prozeß, der hier nicht beschrieben werden kann, hieße dieses doch, die Nachkriegsgeschichte Deutschlands zu schreiben. Wesentliche Wegmarken des Integrationsprozesses allerdings sind zu nennen. Eine dieser wichtigsten Wegmarken ist die Pakteinbindung der beiden deutschen Staaten, da durch sie eine militärische Konfrontation nicht mehr undenkbar war. Hatten sich bis in die Mitte der 50er Jahre die beiden Teile Deutschlands hinsichtlich ihrer politischen Systeme und ihrer Ausgestaltung vollkommen verschieden entwickelt und voneinander entfernt, waren zwei antagonistische Wirtschaftssysteme installiert worden, so waren die beiden deutschen Teilstaaten noch keine bewaffneten potentiellen Gegner, denn, wenn auch eine „heimliche" Wiederbewaffnung betrieben worden war (Bundesgrenzschutz hie, Betriebskampfgruppen und kasernierte Volkspolizei dort), so waren die beiden deutschen Teilstaaten offiziell nicht in Paktsysteme eingebunden, die sich feindlich gegenüberstanden.

Erst mit der militärischen Integration in die NATO und in den Warschauer Pakt war ein Punkt erreicht, der – vor dem Hintergrund der möglichen Konfrontation der beiden Großmächte – die beiden deutschen Teilstaaten unversöhnlich gegenüberstellte.

Die wirtschaftlich starke und gesellschaftlich stabilisierte Bundesrepublik wurde mit ihrem Eintritt in die NATO ein ernstzunehmender Partner im westlichen Lager, das von der UdSSR und ihren Paktstaaten als Bedrohung begriffen wurde, und das um so mehr, als der Vorsprung des Westens hinsichtlich der Nukleartechnologie überaus groß erschien.

Wie immer auch die sogenannte „Stalinnote", in der eine Neutralisierung eines Gesamtdeutschlands vorgeschlagen wurde, interpretiert wurde, so ist doch eines erkennbar: 1952 entwickelte sich die Situation hinsichtlich des Sicherheitsbedürfnisses der UdSSR dergestalt, daß es zu einer sowjetischen Initiative bezüglich deutschlandpolitischer Fragen kam, die in dem Bestreben, eine militärische Westintegration der Bundesrepublik zu verhindern, bestand, was als Indiz dafür gesehen werden mag, daß der waffentechnologische Fortschritt der USA so weit vorangeschritten war, daß die Integration der Bundesrepublik Deutschland in das westliche Bündnis als ernste Bedrohung empfunden wurde. Mit der Ablehnung der Stalinnote und dem Beitritt der Bundesrepublik Deutschland zur NATO war eine Situation in Mitteleuropa entstanden, die von seiten der UdSSR nur eine Reaktion zulassen konnte: die DDR mußte in das militärische Paktsystem des Ostens eingebunden werden. Somit ergab sich die Situation, daß die beiden deutschen Staaten in den Prozeß der Wett- und Hochrüstung einbezogen wurden und sich an der Nahtstelle der beiden Blöcke in „vorderster Linie" feindlich gegenüberstanden.

Die geomilitärische Frontstellung der beiden deutschen Teilstaaten gewann insofern beängstigende Dimension, als der Schutzpartner und Garant der demokratischen Freiheit der Bundesrepublik – aufgrund seiner transatlantischen Lage – höchstes Interesse zeigte, das Bündnis in Europa zu verteidigen, was zur immensen Aufrüstung in der Bundesrepublik führte und damit das Entstehen eines Feindbildes dem Osten gegenüber – propagandistisch wurde dieses von den sozialistischen Staaten permanent geschürt – vorantrieb. Die atomare Aufrüstung in Europa, die vor allem auf dem Gebiet der Bundesrepublik und der DDR stattfand, führte so zu unüberwindlichen Gegensätzen in der Zeit des Kalten Krieges.

Methoden A 17

Das Arbeitsblatt 17 stellt mit den gebotenen Materialien die militärische Integration der beiden deutschen Staaten in den jeweiligen Block und die daraus resultierende Feindstellung der deutschen Teilstaaten in den Mittelpunkt. Darüber hinaus wird die Thematik: „Zwei deutsche Staaten in einer Nation" und die des Alleinvertretungsanspruches der Bundesrepublik Deutschland angerissen, da von hier aus die von der DDR forcierte Abriegelung gegenüber der Bundesrepublik besser zu verstehen ist. Der Alleinvertretungsanspruch der Bundesrepublik und die im Grundgesetz festgelegte Staatsbürgerschaft für alle Deutschen des ehemaligen Reichsdeutschland in den Grenzen von 1937 sind nicht nur für das Verständnis des sich immer weiter verschärfenden Klimas zwischen Bundesrepublik Deutschland und der DDR wichtig, hier liegt auch ein Grund für den Mauerbau am 13. August, der, wie unmenschlich auch immer er gewesen ist, für die DDR eine notwendige Maßnahme darstellte, wollte der Staat nicht seine Bürger über das „Schlupfloch" Berlin in den Westen auswandern sehen, wo sie – aufgrund des Artikels 116 GG – als Bundesbürger (deutsche Staatsbürger) aufgenommen wurden. Ziel dieser Stunde ist es somit, nicht nur die Verhärtung der Beziehungen zwischen den beiden, in ihre Blöcke eingebundenen deutschen Staaten aufzuzeigen, sondern gleichzeitig sollen die Schüler und Schülerinnen erkennen, daß das Problem der Staatsbürgerschaft folgenschwere Konsequenzen hatte: den 13. August 1961 und das Jahr 1989, als sich DDR-Bürger in ausländische Botschaften flüchteten, um über diesen Weg ihren bundesrepublikanischen Reisepaß zu erhalten, und so zum Fall der Mauer im November beigetragen haben. Neben diesem vorstrukturierenden Charakter hat die Stunde auch einen wiederholend-integrierenden, denn anhand des Materials M 3 soll nicht nur herausgestellt werden, daß die beiden deutschen Staaten umfassend in zwei sich feindlich gegenüberstehende Blöcke integriert sind, sondern auch Aspekte dieser Integration, die an dieser Stelle repetiert und in dem neuen Zusammenhang gewertet werden müssen.

Die Materialien sind so ausgewählt, daß Schüler und Schülerinnen zunächst recht selbständig zu Lernergebnissen gelangen. Durch das Markieren der NATO- und Warschauer-Pakt-Staaten auf einer Umrißskizze wird ihnen deutlich vor Augen treten, daß sich die beiden deutschen Staaten an der Nahtstelle der beiden Blöcke befinden, daß hier der Ost-West-Gegensatz zur scharfen Konfrontation gerinnt, wie dann auch in der weiteren Arbeit festgestellt werden wird. Die Aufgaben 1 und 2 sind also von den Schülern und Schülerinnen ohne stärkere Lenkung des Lehrers/der Lehrerin zu bewältigen, wohingegen die Auswertung der Aufgabe 3, die in Partnerarbeit anzulegen ist, weil sich die Schüler und Schülerinnen bezüglich der recht schwierigen Fragestellung austauschen sollten, stärkerer Lenkung bedarf, denn die abstrakte Vorstellung von zwei Staaten und einer Nation wird der Klärung bedürfen. Der zweite große Arbeitsschritt mit den Materialien des Abschnittes *Folgen* sollte stark vom Lehrer/von der Lehrerin unterstützt werden. Hier sind Zusatzinformationen

A 17 Kommentar

nötig. So müßte z. B. Deutschland in den Grenzen von 1937 anhand einer Wandkarte gezeigt und erläutert werden, so müßte auch die Verzahnung mit den Ergebnissen, die aus der Aufgabe 4 gewonnen wurden, durch lenkende Hand bewerkstelligt werden.

Das Arbeitsblatt bietet kein Material zur wirtschaftlichen Integration der beiden deutschen Staaten in den jeweiligen Block. Dieser Bereich wurde ausgespart, weil er die Stunde überlastet und den Schwerpunkt verschoben hätte. Sollte es jedoch der Wunsch des Lehrers/der Lehrerin sein, diesen Bereich zu behandeln, so empfiehlt sich ein Einstieg über eine Karte, die diesen Aspekt der Integration verdeutlicht:

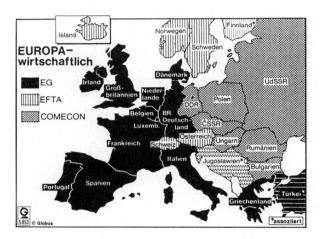

Im Vergleich dieser Karte mit der bearbeiteten Umrißskizze (M 1) kann deutlich gemacht werden, daß die militärische Blockbildung im wirtschaftlichen Bereich ihre Entsprechung erfährt.

Ziele A 17

- Erkennen, daß die beiden deutschen Staaten in zwei sich feindlich gegenüberstehende Blöcke integriert sind.
- Beurteilen, daß diese Integration zu unüberwindlichen Barrieren zwischen den beiden deutschen Staaten zu führen scheint.
- Erkennen, daß beide deutsche Staaten sich vollkommen entgegengesetzt entwickelt haben.
- Erkennen, daß beide deutschen Staaten von dem Begriff einer Nation ausgehen.
- Erkennen, daß die Bundesrepublik Deutschland einen Alleinvertretungsanspruch erhebt und alle Deutsche als Staatsbürger sieht.
- Beurteilen, daß die Aussage des Artikels 116 GG zur Verschärfung der damaligen Situation beigetragen hat.

Lösungen A 17

Aufgabe 1

Kennzeichnung gemäß der Aufgabenstellung.

Aufgabe 2

Das Verhältnis der beiden deutschen Staaten zueinander ist mehr als gespannt. Beide Staaten sind militärisch in zwei sich feindlich gegenüberstehende Blöcke integriert. Die Wirtschafts- und Gesellschaftssysteme unterscheiden sich fundamental voneinander, die politischen Systeme können nicht miteinander verglichen werden. Zwischen beiden Staaten besteht eine scheinbar unüberwindbare Kluft.

Aufgabe 3

Der Aussagewert der Karikatur trifft gut die Situation, denn beide Staaten sowohl die DDR als auch die Bundesrepublik Deutschland gehen von einem Nationenbegriff aus, obwohl sich zwei Staaten mit einem generell unterschiedlichen Gesellschaftssystem etabliert haben.

Aufgabe 4

Die Folgen sind darin zu sehen, daß eine – in allen Bereichen – unüberwindliche Feindschaft besteht, die so weit geht, daß sich beide Staaten im Krieg miteinander sehen könnten.

Aufgabe 5

Das GG definiert die deutsche Staatsbürgerschaft so, daß auch die Bürger der DDR Bürger der Bundesrepublik Deutschland sind. Da die Bundesrepublik sich als ein Staat versteht, der auch für die Deutschen handelt, die nicht in freier Selbstbestimmung über ihr Schicksal haben entscheiden können (Präambel), erhebt sie den Anspruch der Alleinvertretung, was zur Konfrontation mit der DDR führen muß.

Kommentar A 18

Sachanalyse A 18

Berlin war zwar schon vor dem 13. August 1961 eine politisch und administrativ geteilte Stadt, doch konnten sich bis zum Bau der Mauer die Bewohner der Stadt frei von Ost- nach Westberlin und umgekehrt bewegen. Für die Bürger der Bundesrepublik hatten die DDR-Behörden im September 1960 allerdings einen Passierscheinzwang für den Besuch in Ostberlin eingeführt. Da die Grenze zur Bundesrepublik Deutschland nahezu unüberwindlich geworden war, wählten viele DDR-Flüchtlinge den Weg über Ost- und Westberlin, um dann auf dem Luftwege in den Westen zu gelangen. Die von der DDR im Jahre 1952 ergriffenen Sperrmaßnahmen an der innerdeutschen Grenze hatten Berlin einen besonderen Stellenwert verliehen, denn es galt nun als einziges „Schlupfloch" für all diejenigen, die nicht unter Lebensgefahr die DDR über den Stacheldraht verlassen wollten.

Nach dem Berlin-Ultimatum im November 1958, das darauf gerichtet war, über den „Hebel Westberlin" die Anerkennung der DDR zu erzwingen, indem Druck auf die vorgeschobene Position der Westalliierten in Berlin ausgeübt wurde, wuchs bei den DDR-Bürgern die Besorgnis, daß Berlin abgeriegelt werden könnte und somit die Möglichkeit zum Verlassen der DDR für immer dahin sei, so daß im Jahre 1960 die Zahl derjenigen, die aus der DDR über Berlin flüchteten, wieder sprunghaft angestiegen war. Zwar erreichte die Fluchtwelle nicht den Umfang, wie sie sie 1953 nach dem 17. Juni gehabt hatte, doch war von den DDR-Behörden abzusehen, daß sich die Flüchtlingszahl über Berlin weiter erhöhen würde. Die Ursache des Anstieges lag aber nicht nur in der Angst begründet, daß Berlin „dicht gemacht" werden könnte, sondern auch darin, daß die forcierte Kollektivierung in der Landwirtschaft, die seit 1960 unter äußerstem Zwang vorangetrieben wurde, viele Bauern veranlaßte, die DDR zu verlassen; allein in den Monaten März bis Mai 1960 hatten 5706 Angehörige landwirtschaftlicher Berufe in der Bundesrepublik um Notaufnahme gebeten. Aber auch unter den geistigen Berufen war eine starke Fluchtbewegung zu verzeichnen. Zwar erreichte ihr Anteil nie die hohen absoluten Zahlen anderer Berufsgruppen, doch waren die Folgen für die DDR gravierend, weil somit der Anteil der „alten Intelligenz" bis auf einen kleinen Rest zusammenschrumpfte, mit dem der angestrebte technologische Fortschritt nicht bewältigt werden konnte.

Antragsteller aus landwirtschaftlichen Berufen		
Jahr	Aus Berufen des Pflanzenbaus und der Tierwirtschaft insgesamt	Anteil an der Gesamtzahl der Flüchtlinge in v. H.
1952	13 867	7,5
1953	39 436	11,9
1954	12 620	6,8
1955	15 130	6,0
1956	17 431	6,2
1957	15 748	6,0
1958	9 287	4,5
1959	7 211	5,0
1960 Januar	592	6,0
Februar	681	6,9
März	1 448	10,8
April	1 999	11,6
Mai	2 259	11,2
1960 insgesamt	14 695	7,4
1961 1. Halbjahr	6 273	6,1

3 371 Ärzte
1 329 Zahnärzte
291 Tierärzte
960 Apotheker
132 Richter und Staatsanwälte
679 Rechtsanwälte und Notare
752 Hochschullehrer
16 724 Lehrer (allgemeinbildende Schulen und Fachschulen)
17 082 Ingenieure und Techniker

Wollte der SED-Staat sich weiter behaupten und die sozialistische Gesellschaft wie geplant in Konkurrenz zum westlichen System aufbauen, blieb ihm nichts anders übrig, als das „Schlupfloch" Berlin zu verschließen. Aber nicht nur die Flucht belastete die DDR ökonomisch schwer, sondern vor allem das sogenannte Grenzgängertum wuchs sich zu einem nicht zu bewältigenden Problem aus. Im Jahre 1960 arbeiteten ca. 50 000–60 000 Ostberliner im Westteil der Stadt, für den sie produzierten. Gleichzeitig konsumierten sie die im Osten staatlich subventionierten Waren und bewohnten dort Billigwohnungen. Der für die DDR belastende Umtauschkurs von einer DM-West in vier bis sechs DM-Ost verschärfte die angespannte wirtschaftliche Lage und führte darüber hinaus zur sozialen Ungerechtigkeit denen gegenüber, die im Osten arbeiteten und sich nur einen bescheidenen Lebensstandard leisten konnten.

Obwohl die DDR und die UdSSR mehrfach gedroht hatten, das Schlupfloch zu schließen, traf der Mauerbau die Berliner wie ein Blitz aus heiterem Himmel. Hier offenbart sich ein merkwürdiges Mißverhältnis zwischen der Inkubationsperiode und dem Ergebnis selbst, denn allen im Westen mußte seit Jahren klar gewesen sein, daß sich die DDR abriegeln mußte, wollte sie sich selbst nicht aufgeben.

Die Reaktion des Westens, insbesondere der USA, die den Mauerbau letztlich als logische Konsequenz hinnehmen mußten, verwundert nicht. Das State Department analysiert vier Tage nach dem Beginn des Mauerbaus die Lage als eine solche, die der seit langem bestehenden politischen Realität entspreche. In der Errichtung der Berliner Mauer sahen die Westmächte ihre eigenen Garantieverpflichtungen für Westberlin nicht berührt, zumal die Bewegungsfreiheit westlicher Militärpersonen in Ostberlin nicht grundsätzlich angetastet wurde.

Das Völkerrechtsverständnis der DDR sah seit dem Bau

81

A 18 Kommentar

der Berliner Mauer Westberlin als eine selbständig politische Einheit, koppelte Westberlin somit rechtlich von Ostberlin (der Hauptstadt der DDR) ab, so daß Ostberlin der Zugang nach Westberlin verwehrt wurde, wie auch umgekehrt. Gegen Ende des Jahres 1963 kam es zum ersten Passierscheinabkommen, das von Vertretern des Westberliner Senats und DDR-Regierungsvertretern ausgehandelt wurde. Unter bestimmten Bedingungen wurde Westberlinern der Zugang nach Ostberlin gestattet.

Methoden A 18

Das Arbeitsblatt 18 schließt die Unterrichtseinheit ab und ist somit dazu geeignet, wesentliche Lernergebnisse zu repetieren und noch einmal im Gesamtkonzept zu betrachten.

Das Arbeitsblatt ist so konzipiert, daß es in einer Doppelstunde zum Einsatz kommen kann, denn die gebotenen Materialien erfordern nicht nur ein hohes Maß an emotionaler Einfühlung in die Situation der geteilten Stadt, sondern sie müssen ständig vor dem Hintergrund des Teilungsprozesses der beiden deutschen Staaten gesehen werden. Bezüglich des konkreten Lernzuwachses erfahren die Schüler und Schülerinnen in dieser Stunde lediglich einige Gründe, die zum Mauerbau führten, diese Gründe allerdings sind permanent im Zusammenhang mit der historischen Entwicklung zu sehen. Die vorgeschlagenen Arbeitsaufträge decken somit auch nur einen Teil der Lernziele, die sich realisieren lassen, ab. Es ist also Aufgabe des Lehrers/der Lehrerin den Rückbezug zu dem vorangegangenen Unterricht zu bewerkstelligen.

Die Arbeit mit den gebotenen Materialien könnte letztlich ohne jeden weiteren Impuls vonstatten gehen, womit der Unterricht so weit geöffnet werden könnte, daß es den Schülern und Schülerinnen anheim gestellt werden könnte, selbst Arbeitsaufgaben für die Materialien zu entwickeln, was eine reizvolle Unterrichtskomponente ergäbe. Sollte der Lehrer/die Lehrerin sich für dieses Verfahren entscheiden, so müßten die Arbeitsvorschläge auf der Kopiervorlage entfernt werden. Der unterrichtliche Verlauf würde mit dem Auftrag eingeleitet, Aufgaben zu den Materialien zu erstellen, die so geartet sind, daß sie einen Bezug zum vorangegangenen Unterricht aufweisen: „Überlegt euch, welche Arbeitsaufträge zu den Materialien passen könnten. Denkt dabei an das, was ihr bis jetzt hinsichtlich der Teilung Deutschlands gelernt habt."

Die Materialien sind aber auch so zusammengestellt, daß sie sich gut für Gruppenarbeit eignen. Die Gruppen sollten arbeitsteilig, gemäß der vorgeschlagenen Abschnitte arbeiten: *Gründe, Faktum* und *Folgen*. Diese Arbeit kann durch die vorgeschlagenen Arbeitsaufträge geleitet werden. Still- und Einzelarbeit sind nicht angezeigt, da, wie schon oben erwähnt, der Zusammenhang zum vorangegangenen Unterricht gewährleistet werden soll, somit die Schüler untereinander kommunizieren müssen.

Schließlich kann überlegt werden, ob die recht eindeutigen Materialien unter nur einer – globalen – Fragestellung bearbeitet werden könnten. So eine globale Frage könnte lauten: „Beschreibt und bewertet das, was sich euch mittels der Materialien offenbart." Hier könnte man auf eine

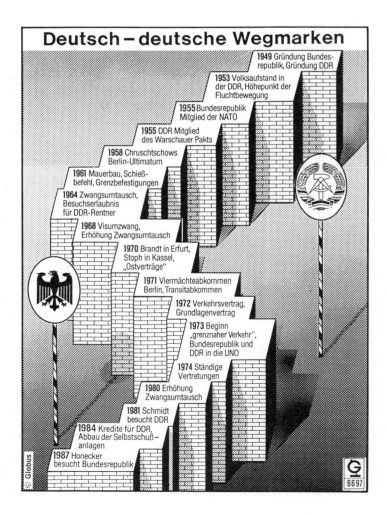

angeregte Plenumsdiskussion hoffen, die so weit vom Lehrer/von der Lehrerin gelenkt werden sollte, daß der Bezug zum vorangegangenen Unterricht hergestellt wird. Dieser Bezug kann bis zu einer Gesamtwiederholung führen, die mittels einer Struktur über die „Wegmarken der deutschen Teilung" gelenkt wird (s. Seite 82):

Das über einen Projektor zu zeigende Schaubild kann nicht nur, falls eine Gesamtwiederholung angestrebt wird, das Unterrichtsgespräch begleiten und lenken, es strukturiert gleichzeitig die zweite Unterrichtseinheit vor, denn es wird den Schülern und Schülerinnen präsentiert, daß es noch weitere Wegmarken der deutschen Teilung gibt, die allerdings noch kennengelernt werden müssen.

Hinsichtlich der Wegmarke „Chruschtschows Berlin-Ultimatum" findet sich kein Material in den Arbeitsblättern. Hier müßte ein kurzer Vortrag des Lehrers/der Lehrerin die nötigen Informationen geben:

Im November 1958 hatte die Sowjetunion an die drei Westalliierten gleichlautende Noten geschickt, mit denen diese aufgefordert wurden, Berlin zu verlassen, da alle anderen Übereinkünfte hinfällig seien. Berlin sollte nach dem Abzug der Westalliierten zu einer „Freien Stadt" erklärt werden, in „... deren Leben sich kein Staat, auch keiner der beiden bestehenden deutschen Staaten, einmischen dürfe". Die Sowjetunion setzte für den Abzug der Westalliierten eine Frist von sechs Monaten und gab dem Schreiben durch den Zusatz, daß anderenfalls die UdSSR in Übereinkunft mit der DDR die geplanten Maßnahmen verwirklichen werde, einen ultimativen Charakter. Die Westmächte weigerten sich, der Forderung nachzukommen, da ansonsten Berlin in den sowjetischen Machtbereich übergegangen wäre. Die Sowjets zogen zwar ihr Ultimatum zurück, beschnitten jedoch sukzessive den freien Zugang nach Ostberlin. Die DDR-Behörden verhängten zunächst befristete Einreisesperren für Bundesbürger, schufen dann eine Passierscheinregelung, bis schließlich der Mauerbau die Stadt in zwei hermetisch abgeriegelte Teile trennte.

Ziele A 18

- Erkennen, daß es für die DDR wirtschaftliche Gründe gab, den Ostteil Berlins vom Westen durch eine Mauer zu trennen.
- Erkennen, daß das Leben in Freiheit und Wohlstand im Westen Berlins die „Fortschritte" des Sozialismus ad absurdum führte.
- Nachempfinden, daß die Trennung der beiden Teile zu vielfachem menschlichen Elend führte.
- Bewerten, daß der Mauerbau ein Eingeständnis der Schwäche des sozialistischen Systems gewesen ist.

Lösungen A 18

Aufgaben 1 und 2

Die Gründe sind wirtschaftlicher und ideologischer Art:
- Fluchtbewegung aus der DDR, die zum Ausbluten des Staates zu führen drohte,
- Grenzgängertum, das dazu führte, daß Ostberliner im Westen der Stadt arbeiteten, jedoch dort lebten und staatlich subventionierte Waren konsumierten, wo sie nicht produzierten,
- Schaufensterfunktion Westberlins, das zeigte, wie sich ein Leben in Freiheit und Wohlstand gestalten konnte, und das so die „Errungenschaften des Sozialismus" ad absurdum führte.

Aufgaben 3 bis 5

Vor dem Hintergrund der Vorgänge am 13. August 1961 und dem daraus resultierenden menschlichen Elend erscheint der Propagandaaufruf aus Suhl nicht nur als Farce, er ist gleichzeitig eine unmißverständliche Drohung an all diejenigen DDR-Bürger, die weiterhin nach Westberlin reisen wollen. Der Mauerbau wird als Schutzmaßnahme dargestellt, die den Ostteil der Stadt vor westlichen Kriegshetzern sichern soll.

Aufgaben 6 und 7

Verkehrs-, Versorgungs- und Kommunikationssysteme werden abrupt abgeschnitten, gewachsene Strukturen zerstört, Familien zerrissen, etc.

Aufgabe 8

Die Ostberliner und DDR-Bürger leiden am stärksten unter dem Mauerbau. Ihnen ist es ab dem 13. August 1961 unmöglich gemacht worden, ihren Staat zu verlassen. Sie sind regelrecht eingesperrt und können nur mit Blick „über die Mauer" in den Westen schauen, der für sie den Inbegriff des Wohlstands und der Freiheit darstellt, der von der SED-Propaganda als Herd von Faschismus und Kriegshetze dargestellt wird.

A 1 Tafelbild

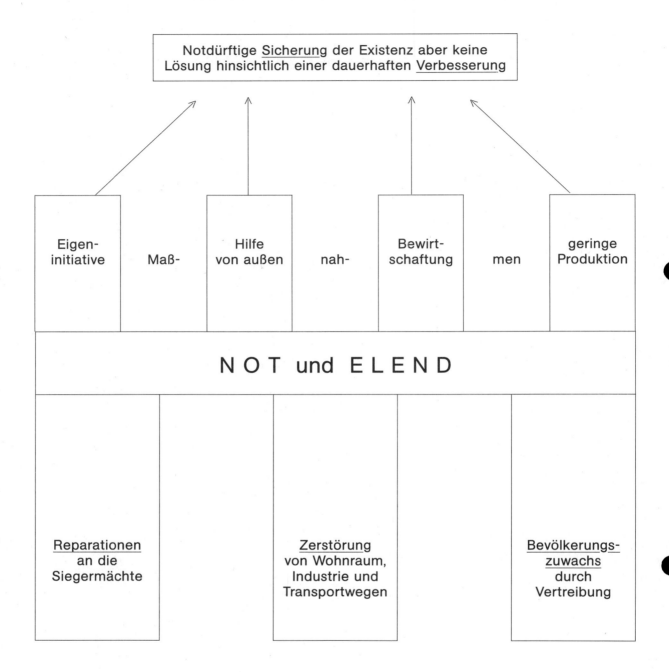

Tafelbild A 2

Pläne der Alliierten nach der Niederlage Deutschlands

Potsdamer Protokolle
1945

Demilitarisierung
Denazifizierung
Demontage
Demokratisierung
Dezentralisierung

Aufteilung
Deutschlands
in Besatzungszonen

Aufteilung Berlins in
Besatzungszonen

Ostgebiete unter polnischer
bzw. sowjetischer Verwaltung

Regierungsgewalt geht an die Alliierten,
Deutschland verliert seine Selbständigkeit

Bedingungslose Kapitulation

A 3 Tafelbild

Der antifaschistische Block

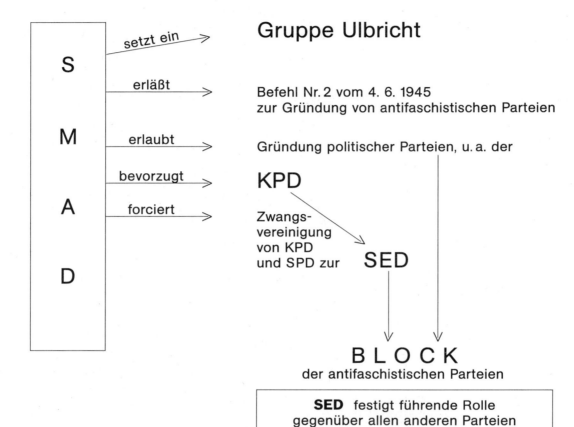

Tafelbild A 4

Die Bodenreform in der SBZ

Bodenreform in der SBZ:
Enteignung von Großgrundbesitz und
Verteilung des Bodens an Kleinbauern

propagierte
Ziele

politisch

- gerechtere Verteilung von Grund und Boden
- bestehende Abhängigkeitsverhältnisse lösen
- Macht der Großgrundbesitzer brechen
- dem Faschismus den Boden entziehen

wirtschaftlich

- Versorgungslage verbessern

aber

- die neu entstandenen Höfe sind nur mangelhaft ausgestattet
- Produktivität und Produktion gehen zurück
- Anbau wird staatlich reglementiert und neue Abhängigkeitsverhältnisse entstehen

Vermutung:

Die Bodenreform diente nur der Vorbereitung der Kollektivierung.

A 5 Tafelbild
A 6

Entwicklung der Industrie in der SBZ

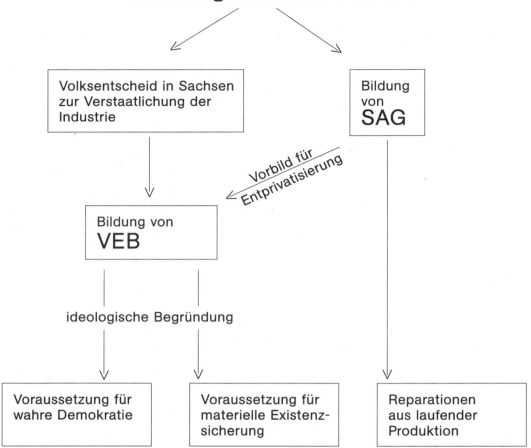

Ausbeutung und Unterdrückung

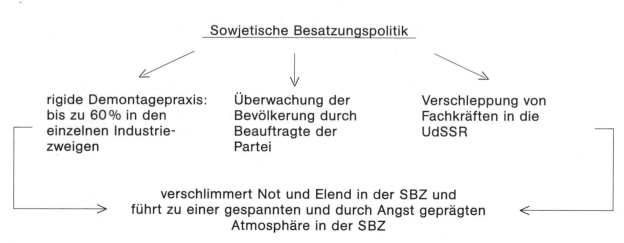

Tafelbild A 7

Ausweitung des kommunistischen Machtbereichs

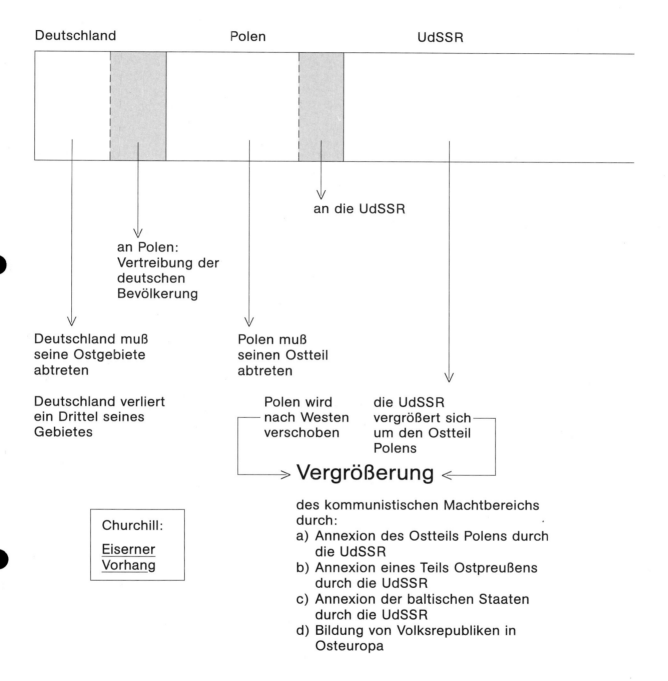

A 8 Tafelbild
A 9

Wende in der amerikanischen Deutschlandpolitik

Position der USA im April 1945
- wirtschaftliches Wiedererstarken muß verhindert werden
- Deutschland hat keine Hilfe zu erwarten

→ feindliche Einstellung wird zur freundlichen Einstellung →

Position der USA im Herbst 1946
- Deutschland soll wieder ein freier Staat werden
- Deutschland soll geholfen werden

Gründe
Sowjetisierung osteuropäischer Staaten

TRUMAN-DOKTRIN

Finanzielles und wirtschaftliches Hilfsangebot an alle Staaten, die dem Kommunismus trotzen!

= Politik der Eindämmung (containment)

Der Marshallplan

Der Marshallplan ist die Folge der Truman-Doktrin

Inhalt	Ziele	Bedingungen
– finanzielles und wirtschaftliches Hilfsangebot an die europäischen Staaten	– gesunde wirtschaftliche Verhältnisse schaffen – dem Kommunismus den Nährboden entziehen – Kommunismus eindämmen	– Eintreten für Frieden – Eintreten für Freiheit – demokratische Verfassung

→ Annahme durch westliche Staaten und die Westzonen

→ Ablehnung durch die unter sowjetischem Einfluß stehenden Staaten

→ **Folge**

- unterschiedliche wirtschaftliche Entwicklung in West und Ost
- Zweiteilung Europas wird verfestigt
- Anbindung der Westzonen an die USA
- Spaltung Deutschlands wird vertieft

Tafelbild A 10

Die Währungsreform

┌─────────── Der Schwarzmarkt ───────────┐
│   │
│   – Geld ist wertlos   │
│   │
│   – Tausch von Waren gegen Waren   │
│   (Zigarettenwährung)   │
│   │
│   – Waren (Lebensmittel werden dem Markt entzogen) │
│   Mangelsituation verschärft sich   │
│   Sachwerte werden „verschoben"   │
│   │
└──────────→ Abhilfe durch eine **Währungsreform** ←──────────┘

- Kopfgeld von 60,– DM
- Abwertung des Spargelds von 10 zu 1
- Abwertung der Schulden von 10 zu 1

bevorzugt   benachteiligt

– Sachwertbesitzer   – Sparer
– Produktionsmittel-
  besitzer
– Schuldner

Ziel

Schaffung einer stabilen Währung, um
– den Schwarzmarkt abzuschaffen und
– eine funktionierende Privatwirtschaft zu etablieren.

A 11 Tafelbild

Die Berliner Blockade

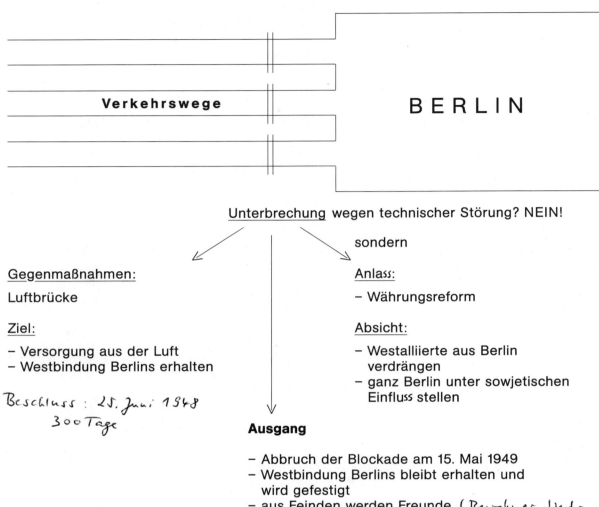

Verkehrswege

BERLIN

Unterbrechung wegen technischer Störung? NEIN!

sondern

Gegenmaßnahmen:
Luftbrücke

Ziel:
- Versorgung aus der Luft
- Westbindung Berlins erhalten

Beschluss: 25. Juni 1948
300 Tage

Anlass:
- Währungsreform

Absicht:
- Westalliierte aus Berlin verdrängen
- ganz Berlin unter sowjetischen Einfluss stellen

Ausgang
- Abbruch der Blockade am 15. Mai 1949
- Westbindung Berlins bleibt erhalten und wird gefestigt
- aus Feinden werden Freunde (Bewohner „Westdeutschlands" und Besatzungsmächte)

aber
- Vertiefung der Spaltung

Tafelbild A 12 / A 13

Weststaatlösung und Gründung der DDR

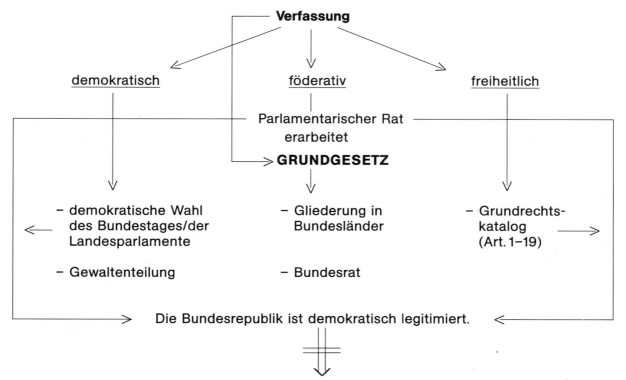

Frankfurter Dokumente enthalten Auftrag an die Ministerpräsidenten zur Ausarbeitung einer

Verfassung

- demokratisch
- föderativ
- freiheitlich

Parlamentarischer Rat erarbeitet

GRUNDGESETZ

- demokratische Wahl des Bundestages/der Landesparlamente
- Gliederung in Bundesländer
- Grundrechtskatalog (Art. 1–19)

- Gewaltenteilung
- Bundesrat

Die Bundesrepublik ist demokratisch legitimiert.

Die Gründung der DDR ist *keine Reaktion* auf die Gründung der Bundesrepublik.

Die DDR ist *nicht demokratisch* legitimiert,

denn
- grundlegende Strukturen wurden bereits lange vor Gründung eingeführt,
- grundlegende Strukturen wurden gegen den Willen der Bevölkerung unter Zwang durchgesetzt,
- die Strukturen waren undemokratisch.

A 14 Tafelbild
A 15

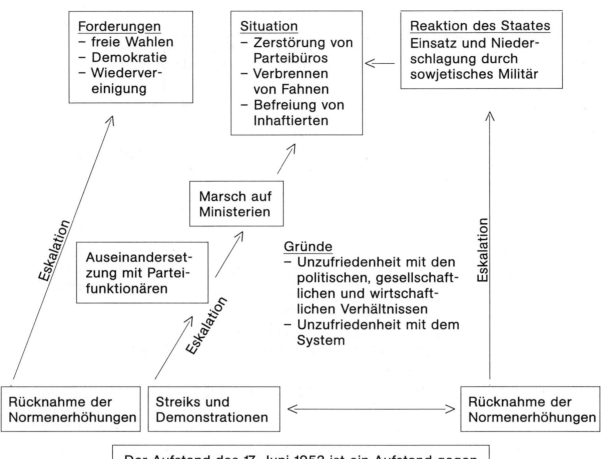

Der 17. Juni 1953

Forderungen
- freie Wahlen
- Demokratie
- Wiedervereinigung

Situation
- Zerstörung von Parteibüros
- Verbrennen von Fahnen
- Befreiung von Inhaftierten

Reaktion des Staates
Einsatz und Niederschlagung durch sowjetisches Militär

Marsch auf Ministerien

Auseinandersetzung mit Parteifunktionären

Gründe
- Unzufriedenheit mit den politischen, gesellschaftlichen und wirtschaftlichen Verhältnissen
- Unzufriedenheit mit dem System

Rücknahme der Normenerhöhungen

Streiks und Demonstrationen

Rücknahme der Normenerhöhungen

Der Aufstand des 17. Juni 1953 ist ein Aufstand gegen den Sozialismus in der DDR.

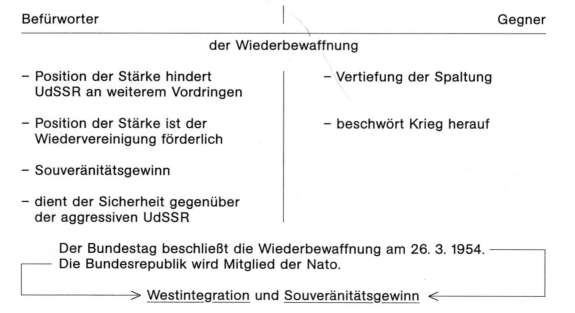

Wiederbewaffnung und Westintegration

Befürworter	Gegner
der Wiederbewaffnung	
– Position der Stärke hindert UdSSR an weiterem Vordringen	– Vertiefung der Spaltung
– Position der Stärke ist der Wiedervereinigung förderlich	– beschwört Krieg herauf
– Souveränitätsgewinn	
– dient der Sicherheit gegenüber der aggressiven UdSSR	

Der Bundestag beschließt die Wiederbewaffnung am 26. 3. 1954.
Die Bundesrepublik wird Mitglied der Nato.

→ Westintegration und Souveränitätsgewinn ←

Tafelbild A 16

Das Wirtschaftswunder

| vor **1948** Mangelwirtschaft | nach **1952** wirtschaftlicher Aufschwung führt zum Abbau des Mangels |

? — — — Wirtschafts- — — — ?
wunder

„Aufschwung aus eigener Kraft"

- Hilfe von außen:
  Marshallplan fördert die Produktion

- internationale Rahmenbedingungen:
  Korea-Krieg erhöht Export

- System der freien Marktwirtschaft:
  Eigeninitiative und Effektivität werden gefördert

- individuelle Einsatzfreude:
  Fleiß und Ausdauer werden ‚belohnt'

- Ausgangsposition nach 1945 (vgl. zu Osten)
  geringerer Zerstörungsgrad
  größerer Ablass durch Reparationen u. Demontagen
  Vokabelsuppe 1947 überwunden
  Kollektivplan 1947 leistungsstark

S. 78

A 17 Tafelbild
A 18

Die beiden Staaten in ihren Blöcken

Eine deutsche Nation

Bundesrepublik Deutschland	K	Deutsche Demokratische Republik
Nato	L	Warschauer Pakt
Montanunion – EWG	U	Comecon (RGW)
Soziale Marktwirtschaft	F	Planwirtschaft
	T	

↓

Grenze

Sperrgürtel

Erziehung zum Haß

→ Es gibt nur einen demokratisch legitimierten Staat: die Bundesrepublik handelt auch für die DDR.

Es gibt *eine* Nation mit *zwei* deutschen Staaten. ←

Bau der Berliner Mauer

13. August 1961: Bau der Berliner Mauer

Gründe
- Fluchtbewegung über Berlin   1949-1961 3 Mio
- Grenzgängertum   60 000
- Schaufenster West-Berlin

Auswirkungen
- Verkehrssysteme werden unterbrochen
- Kommunikationssysteme werden unterbrochen
- Familien und Freunde werden getrennt

West-Berlin wird zur Frontstadt

Die DDR wird zum Gefängnis